U0038107

ISTJ ············· ISFJ ············· ESTJ ············· ESFJ

MBTI
比你更懂
你自己

ISTP ········· ············ ISFP

ESTP ············ ············· ESFP

金素那 김소나—著
韓洗賑 한세진（李洗賑 이세진）—繪

INFJ ············· INFP ············· ENFJ ············· ENFP

INTJ ············· INTP ············· ENTP ············· ENTJ

楊琬茹—譯

作者的話

並不是你很奇怪，只是人各有異

　　醜小鴨在鴨子群中長大，牠不知道自己是一隻天鵝，因為和大家長得不一樣，所以牠很自卑、無法適應鴨子的生活，而被趕出群體、獨自流浪，直到長大後才發現自己其實是一隻天鵝。人的一生與醜小鴨並沒有太大的區別，觀察MBTI的話，會發現人類的個性似乎也各有定義。

　　這本書是一本療癒小品，以MBTI為基礎，向每種類型傳遞正向積極的訊息。由像調色盤一樣多樣且溫暖的角色「瑪莉夢」，以及十六種MBTI類型的基本需求與特色所組成的內容。曾經追著惡夢到處跑的可愛瑪莉夢在本書中變身成十六種MBTI類型的形象，以生動的插圖展現了每種類型獨特的生活樣貌和魅力。

　　即使是熟悉MBTI的讀者也需要記住一件事：就算

是同一類型的人，根據個人環境或學習經歷的不同，也可能造就各式各樣的個性。

　　也有反派 MBTI、不成熟的 MBTI、尚未完全成熟的 MBTI、不穩定的 MBTI 類型等說法出現。也許比起個性怎樣、是什麼類型，一個人本身的人格才是更重要的，希望讀者讀了這本書後能夠變得更愛自己，最重要的是，如果瑪莉夢的聲音能稍微提點你，讓你進而了解世界上最熟悉又最難懂的「自己」是誰，那就更好了。

　　　　　　　　　　　作者　**金素那、韓洗賑**（李洗賑）

目錄

小菜一碟！

　　MBTI是「邁爾斯布里格斯性格分類指標」（Myers-Briggs Type Indicator）的縮寫，是以卡爾・榮格的《心理類型》中所介紹的性格類型理論為基礎，加以應用後而建立的人格類型指標，是目前人格測評中最大眾化的分類法，被廣泛運用於各種領域，從趣味導向的測驗到職涯選擇的人格測試皆有。然而，MBTI並不是官方正式理論，因此最好避免盲目相信或過度投入。

　　MBTI只是一種揭示性格分類標準的工具，如果運用得當，將有助於更了解自己，也能讓生活變得更加豐富。

| 表現性格傾向的四種偏好指標 |

內向

I

← 能量的方向 →

有些人是內向的，
有些人是活潑的。

INTROVERSION

外向

E

EXTRAVERSION

直覺

N

← 資訊的收集 →

有些人想像力豐富，
有些人注重實際的感覺。

INTUITION

實感

S

SENSING

思考

T

← 判斷與決定 →

有些人是理性的，
有些人很感性。

THINKING

情感

F

FEELING

判斷

J

← 行為模式 →

有些人善於統整和計畫，
有些人行為處事較有彈性。

JUDGING

感知

P

PERCEIVING

如果分別從上述四行中依序選擇出與自己相應的指標，就會產生四個連續的字母，像是INFP或ISTP這樣。如此一來，總共會誕生十六種不同的類型。

這十六種類型之中有天鵝、鴨子、飛雁、烏鴉、喜鵲，甚至可能還有貓頭鷹。如果一隻鳥在不屬於自己的群體中長大，牠可能就會一邊思考：「為什麼我和別人長得不一樣？」一邊過著孤獨的生活。

假如一個直覺型（N）的人獨自生活在一個有很多實感型（S）人格的地方，有可能會得到「他有點奇怪，只會講一些虛無飄渺的事情，是個不講究現實，只會談論想像的事的吹噓大王」這樣的評價。如果一直在這種情境下接收負面評價，就有可能會逐漸失去自我認同，以為實感型的人格特質才是正確的，也會試圖像他們一樣思考和判斷；但最終卻可能會因為做不到，而讓自信心跌落谷底。

反之亦然，如果有實感型（S）的人獨自在直覺型（N）的人群之中生活，他可能會被認為是一個缺乏想像力與創造力的人，或許也會被評價成「思考範圍狹隘，只會鑽研現實的無聊人士」，他可能也會因此認為直覺型的世界才是正確的，進而努力嘗試用那種方式生活。明明不符合自己的人格特質，卻要表現得像那個人格特質一樣，這想必是很困難的。其他指標之間的錯誤

相遇也是如此，若能透過MBTI了解自己與他人之間的差異，就能明白：正是因為彼此不同，所以每個人都是應該受到尊重的存在。

〈內向型 I，外向型 E〉：
生活能量的方向、充電方式的差異

如果內向型的丈夫下班回家後，沒有和妻子說什麼話就回自己的房間，外向型的妻子可能會感到鬱悶，因為對她來說，只有在與身邊的人建立活躍的互動關係時才會感到舒適，也能透過交談來紓解壓力。

但內向型的丈夫只是需要獨處的時間來為內心充電，因為一整天都在外面活動，他的精力已經完全耗盡，連和妻子對話都很困難。就像幫手機電池充電一樣，內向型的人是藉由獨處時間來補充能量的。

相反的，外向型的人則是像為行駛的汽車電池充電一樣，他們在外活動時可以獲得更多能量。外向型的人與內向型的人不同，就如同沒有運行的汽車電池會漸漸耗盡電力，外向型的人在獨處時也會逐漸失去能量。

〈直覺型 N，實感型 S〉：
資訊接收和解釋方式的差異

　　直覺型的性格不單單只傾心於抽象或概念性的事物，對於解讀字裡行間裡隱含的真意、理解整體脈絡、追求意義等，也都深受吸引。他們重視全面性的整合思考，認為列舉個別的事實很無趣。實感型則相反，除非是能夠親眼確認或親耳聽到的事實，否則他們是不會輕易相信的，他們注重詳細的證據資料，對於沒有中間過程就產出的結論抱持著懷疑態度。

　　當直覺型和實感型各自堅持自己的立場，可能會讓雙方的溝通變得困難。若是直覺型人格彼此在進行交流，可能會因為個性合拍而發揮豐富的想像力，看著遙遠的藍圖推進工作，但相對的也帶著忽略細節的風險。實感型人格彼此交流時則會注重五感體驗，將細節元素逐一匯集，如同依序堆砌磚塊般，一起堆疊出結論，相對的也可能因此忽略整體大局。

〈思考型 T，情感型 F〉：
決策時更加注重哪一部分的差異

「麵包超人」會把自己頭的一部分剝下來餵給有需要的人吃，情感型人格重視與他人之間的和諧，比起公平公正，更看重自己主觀的價值觀。

「唐三藏」雖然是一位溫和的法師，但用緊箍咒制止暴走的孫悟空時卻會顯得冷酷無情，即便孫悟空緊抓著頭上戴的金箍在地上打滾也一樣不為所動。「名偵探柯南」並不會在意殺人兇手的個人情況，無論如何，他的目標都是找出犯人。邏輯思維能力與判斷力都相當卓越的史蒂夫・賈伯斯、比爾・蓋茲、居里夫人也都屬於思考型人格。

如果是以「這是合理的事情」作為決策時的標準，那就屬於思考型；若是以「這對我來說是有價值的」作為標準，則更接近於情感型。

〈判斷型 J，感知型 P〉：
生活模式的差異

《哈利波特》系列作品的女主角妙麗是位模範生，做事井然有序且都會做好萬全準備。判斷型（J）的內心有個會按照計畫轉動的時鐘，無論是什麼事情，都會希望能把事情做完、在期限內做好收尾工作，有時候甚至也會試圖掌控朋友。

同一部電影中的男主角哈利波特雖然平時並不會特別注意自我管理，但在危機時刻卻總能展現出驚人的機靈才智。感知型（P）總是給予自己更多彈性，因此常會將事情推遲到最後一刻才完成，在他們的認知裡，如果有更好的方案，不論修改幅度有多大，之前的計畫都是可以被調整的。他們擅長臨機應變，但收拾善後卻不是他們的強項。

很多人會因為自己不擅長統整就認為「我可能是感知型的」，但是否具有統整能力並不是區分感知型和判斷型的標準。即使是在某些情況下不能妥善整理，但如果在整理得當的狀態下會感到舒適與安定，那麼就可以說這個人的判斷型傾向更強一些；但如果是在沒有整理的狀態下也完全都不在意，那麼這個人就更接近於感知型。

〈MBTI-A 和 MBTI-T〉：
敏感度的差異

　　接下來要介紹的類型不存在於典型的MBTI理論中，即「敏感度的差異」，這是最近以網路測評網站[1]為主所添加的新概念。

　　MBTI-A：以蠟筆小新或者小熊維尼為例，只要有美味的食物和有趣的朋友就會感到幸福。這種性格的情緒波動不大，也不太容易被周圍狀況影響而感到壓力，不會特別執著於社會價值上的成就，相對悠閒與正向樂觀，但也較缺乏推動自己去達成某件事情的動力。

　　MBTI-T：《小王子》裡的玫瑰常常擔心花莖是否會被風吹斷、會不會被野獸吃掉、火山會不會爆發；相對的，她也善於展現自己敏感的一面給小王子看。如果她是一朵個性悠哉從容的玫瑰花，那小王子和玫瑰花可能就不會成為那麼親密的朋友了。這種性格對壓力比較敏感，也很在意周圍人的看法，對社會成就有高度的渴望。情緒上較敏感，但也常在藝術性質的活動中嶄露頭角。

---

1. 來自英國機構所開發的「16Personalities」網站，其使用新開發的NERIS模型作為人格類型評量的基礎。

就算是同一種類型
也不會百分之百完全相同,
讓我們以更彈性的方式
理解別人和自己吧!

MBTI_注意事項與活用小技巧

MBTI雖然不是科學,但也不能只用趣味性的角度來看待。
MBTI無法預測所有人的行為,即使是相同的類型,也不會表現出完全一樣的反應,就算是同一種類型,也會因為各傾向的程度差異而呈現不同的樣貌。例如,T傾向與他人相比顯得更為強烈的人,當他看到T傾向較弱的人時,就可能會覺得對方是F傾向的。從這方面來看,MBTI在實際人際關係中的特質傾向是具有相對性的。

此外,據說MBTI類型是固定的。如果每次測試的結果都不同,可能是因為網路測試是採用簡化的測試方式,也可能是在成長環境中學習到的生活技巧覆蓋了原本的性格傾向。在這種情況下,有些人可能會處在不清楚自己是什麼類型的狀態,一輩子都以不同的類型過著不舒服的生活。

當我們認識並接受自己的特質,找到自己感到最舒適的生活方式並享受其中,還有比這更幸福的事情嗎?正如童話故事中的美好結局是天鵝不再過著醜小鴨的生活一樣,人類的世界也是如此。

ISTJ

ISFJ

SJ

我是「瑪麗·包萍」

ESTJ

ESFJ

SJ 氣質的特點

實感型（S）＋判斷型（J）

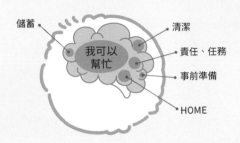

　　其實要說瑪麗・包萍[2]具有SJ氣質可能也不完全正確，因為瑪麗・包萍是個使用魔法的保母，而SJ型人格是與幻想或虛幻世界相距甚遠的現實主義者。儘管如此，以瑪麗・包萍作為比喻對象也是有原因的，畢竟有哪位「正規的」保母能像瑪麗・包萍一樣善於管教調皮搗蛋的孩子，並確實地教導他們呢？

2. 來自英國兒童文學系列小說，瑪麗・包萍是一位仙女保母，能為小朋友解決各式各樣的問題。曾被改編為電影《歡樂滿人間》與《愛・滿人間》。

SJ氣質的人天生善於有條理地整頓周邊事物、建立體制與規則，就算是情感比較豐富的SJ，也會溫和且堅定地主張生活的秩序和規則。如果包含T的理性型SJ代表人物是「瑪麗‧包萍」，那麼包含F的感性型SJ就是《彼得潘》中的「溫蒂」。

SJ有三個特點，他們是有能力的管理者、養育者與保護者。這裡所謂的「有能力」並不單單只是樹立規則並確實付諸實行的意思，事實上他們的實務能力十分突出，生活能力也很強，無論是再怎麼凌亂的家或桌面、複雜的學業課程，只要讓SJ經手，事情就會出現迎刃而解的跡象。另外，他們同時也是最盡心盡力照顧病患的類型。

MBTI的十六種類型可以依據相似的氣質進行分類，而SJ氣質則有ISTJ、ESTJ、ISFJ和ESFJ類型，這些類型全都包含了S（現實感知）和J（判斷）這兩個字母。

SJ氣質和其他氣質有什麼不同呢？由於他們善於管理周遭事物，所以和其他人相較之下，他們會更了解身邊的人，甚至會記得一些細節。他們可能會牢記生日、紀念日、特殊的節日等等並贈送禮物，也會經常發送問候訊息給親密的朋友，細心關照朋友和朋友的家人。

SJ中最個人主義的類型是ISTJ，這些人不喜歡社交生活，也不屬於會特別關照別人的類型。但ISTJ畢竟

還是有 SJ 的氣質，所以他們總會一直思考要如何讓周圍的事物更有效率地運轉，即使工作量過多，也會負起責任把事情做完，透過妥善制定目標並付諸實行的過程，最終晉升到更高的職位。成功的官員、公務員、法律從業者、會計師、銀行員、研究員中，很多都是具有 SJ 氣質的人。

　　SJ 氣質的人數比其他氣質的人加在一起還要多，但他們善於隱藏自己，認真履行自己的角色，也會攬下別人不願意做的事情並確實處理。如果 SJ 氣質的人消失的話，這個世界可能就無法繼續維持下去了，他們很可靠、值得信賴，也是很好的諮詢對象，雖然他們並不相信靈魂或夢想，也不依賴直覺，但如果你想得到實際的建議和具備常識性的解答，找 SJ 就對了。

　　然而，當他們的優點太過強烈時，往往也會變成缺點。其他人可能會覺得 SJ 氣質的人過度干涉自己的事務，但站在 SJ 的立場上來看的話，他額外做了自己不需要做的事情，卻變成是自討苦吃，所以他們必須學會在照顧他人與多管閒事之間找到平衡點。若是能學會享受屬於自己的時間，他們的人生也會變得更加多采多姿。

　　就如同小說最後一頁的瑪麗‧包萍，不顧孩子們的挽留，拿出雨傘輕飄飄地飛上天空一樣。

ISTJ

~~~~~ 勤奮的松鼠，ISTJ ~~~~~

　　像松鼠一樣咬著橡實搬運，將橡實整整齊齊地堆疊起來，勤奮地在反覆經過的路上走動並累積糧食的人。

　　這就是以銀行員、工程師、政府管理者為代表的ISTJ類型。當然，ISTJ類型中也有藝術家、藝人、諮商師等，但典型的ISTJ形象是「認真、堅守原則且有邏輯思維的人」。雖然也會分心、疲憊的時候也需要休息，但他們無論何時何地都始終如一，他們在判斷是非對錯上有自己的一套價值標準，也會按照這套標準生活。

　　學生時期，他們會按部就班完成每一份作業、仔細整理筆記，是那種只要因為努力而使得成績有所進步

（就算只有一丁點），也會對此感到滿足踏實的學生。即使進入職場，這種刻在身體裡的認真個性也不會有所改變，不管別人有沒有看到，只要是自己該做的事情，就算再瑣碎也會盡心盡力完成。他們辦事乾淨俐落，也總會把身邊的事物整頓得井然有序。

不怎麼說話的 ISTJ

嚴謹、真摯、細心、可信賴的 ISTJ

　　他們是老師會想摸摸頭的優等生，長輩看到他們會讚歎：「這孩子真是乖巧伶俐！」同輩朋友也會覺得他們是彬彬有禮的人。這些人的財富是信賴與真誠，這類型的人絕對不會在無益的事情上花錢，也不會做出有勇無謀的冒險行為。他們像松鼠一樣堅持不懈地執行重複性的工作，看著積攢在倉庫裡的穀物而感到欣慰。許多在社會中晉升至高位的人、能夠在管理職或法律、稅

務領域發揮傑出能力的人，都屬於ISTJ類型。

　　ISTJ類型的名人有投資家華倫·巴菲特、亞馬遜CEO傑夫·貝佐斯、前美國總統喬治·布希等。

　　華倫·巴菲特是最成功的投資家，與其財產相較，他的個人生活相對保守且節制，並且以此聞名。雖然開的是凱迪拉克，但買的卻是二手車；一直到2019年，所使用的也不是智慧型手機，而是2009年上市的三星功能型手機；房子也是還住在1950年代購買的雙層樓房中。他注重悠久的傳統，不喜歡變化，不浪費在沒必要的事物上，期望過著務實的生活，充分展現了ISTJ的效益主義。

　　#整理的_達人#守時#保守的#遵守規定#勤儉節約
　　#信守承諾#細心#值得信賴

　　總而言之，ISTJ表面上看起來是勤勉工作的人，內心則是有信念、想按照自己的主觀意願生活的人。

　　與其他類型相比的話，可以更清楚地了解ISTJ類型的特點。

來看 ISTJ 類型和 ISTP 類型，
只有 J 和 P 不同

　　雖然只有一個字母的差異，但他們的實際樣貌看起來卻幾乎相反。ISTJ 從穿著到說話方式都散發出模範生的氛圍，他們經營著稜角分明且令人欣羨的生活，但相較於 ISTP 類型，他們的彈性和願意接受變化的程度往往較為不足。換句話說，當 ISTJ 面對他們不喜歡卻又不得不做的事情時，他們只好拿出耐心去做；相反的，ISTP 面對他們想做的事情會做得很好，但絕對不會去做他們不想做的事情。相較於 ISTJ，ISTP 的形象更近似於自由奔放的局外人。

只有 I 和 E 不同的 ESTJ 和
ISTJ 類型有什麼不同呢？

　　ISTJ 類型和 ESTJ 類型都是務實且注重效率的人，他們總是追求最短路徑和最高效率。這兩個類型都有清晰的時間觀念，會按照規定和順序推進工作；他們都注重傳統和禮節，是始終如一且值得信賴的人。
　　然而，ISTJ 不喜歡在他人面前出頭，他們認為隱私是很重要的，是會選擇不受干涉、獨自工作的類型。而

ESTJ 因為具有優秀的領導能力，即使本人沒有意願，最終還是會無可避免地擔任起領導的角色，而且一旦他們承擔了這樣的職責，不論遇到任何困難他們都會帶領團隊成員一一克服，確保工作可以完成，展現出驚人的執行能力。

喜歡獨自做事的
ISTJ

喜歡一起做事的
ESTJ

ISTJ 的能力弱項是直覺（N），而 ESTJ 的能力弱項則是情感（F）。ISTJ 較難採用新的模式工作或提出具有創意的方案，而 ESTJ 在帶領團隊成員前進時，較不善於顧及所有成員的感受。反過來說，ISTJ 的主要能力是實感（S），因此他們擅長檢查細節；而思考（T）則是 ESTJ 的主要能力，他們擅長一邊思考前因後果一邊執行工作。

ISTJ 類型和 T 換成 F 的
ISFJ 類型有什麼差異呢？

這兩個類型都是重視家庭、承諾及傳統的類型。

要說有什麼區別的話，ISTJ 若遇到要在工作和人之間做選擇時，會毫不猶豫地選擇工作，因為他們認為太過顧念情分可能會有公平性或公正性的問題，所以他們有時也會被誤解成冷漠的人（實際上他們是客觀且公正，不受個人情感左右的人）。

相反的，ISFJ 類型則是溫柔敏感、願意給予關懷的類型，他們把「人」的順位擺在「工作」之前。但是若和其他氣質裡的情感類型相比，他們相對來說比較不會被情感左右，表達方式也較為謹慎。

ISTJ 類型和 ESFJ 類型
有哪些地方相似，又有哪些地方不同呢？

一個是性格內向、邏輯性強，另一個則是極其外向且善於交際，但儘管兩種類型看起來大相逕庭，他們還是有些相似之處的。

這兩者皆具有 SJ 氣質，因此他們都很重視他人的

認同。再者，他們都對最糟糕的事態感到恐懼，因此不管面對什麼事情都會提前做好準備與應對。

不過，ISTJ 類型是 SJ 氣質中最具個人主義的，而 ESFJ 類型則是十六型人格中最善於交際的，他們總是想與他人一起共度時光，喜歡派對和家庭聚會，也喜歡與他人建立良好的互動關係、樂於干涉並幫助他人。從 ISTJ 的角度來看，ESFJ 可能會比較像是「愛管閒事的人」。

兩者都對人際關係不感興趣，偏向個人主義，那 INTJ 類型和 ISTJ 類型有哪些部分是不同的呢？

這兩者的差異在於 S 和 N。S 代表實感，而 N 代表直覺。即使閱讀相同的文件，ISTJ 類型的人會就行政面和事務面仔細檢查文件中的錯誤，而 INTJ 類型的人則難以察覺細節，取而代之的是他們會以更宏觀的面向來看待問題。比起日常生活，INTJ 更關注於預測和規劃未來的可能性，想要發現世界上還不存在、只屬於自己獨有的哲學或規則，這正是 INTJ 的人格特點。

當 ISTJ 看到 INTJ 時，可能會覺得 INTJ 是對現實生活的細節一竅不通，只會讀書和探索理論，但不切實際的人。

相反的，當INTJ看ISTJ時，可能會因為ISTJ非常仔細和精確而感到尊敬，但同時也無法理解他們為什麼那麼無趣，只考慮眼前觸手可及的現實事件。

展現此MBTI特質的書名 ─────────────
● BJ‧福格《習慣的細節：設計微小行為，打造巨大變化》₃
● 邁可‧桑德爾《何謂正義》₄
● 奉太奎《我們一家人非常真誠》

3. 此處以韓文譯名翻譯，此書在臺灣出版書名為《設計你的小習慣》，原文書名為《Tiny Habits: The Small Changes That Change Everything》。
4. 此處以韓文譯名翻譯，此書在臺灣出版書名為《正義：一場思辨之旅》，原文書名為《Justice: What's the Right Thing to Do?》。

再多了解 ISTJ 一點吧！

ISTJ 的人際關係

- 在聚會中不太說話也不會強出風頭，如果受到關注就會感到不自在。
- 認為家庭成員之間應該遵守階級秩序，不會遺忘祭祀、生日等活動，而且會盡可能地遵循儀式和流程辦理。
- 忠於自己的角色。若是子女，就會孝順父母；若是丈夫，就會擔起一家之主的角色；若是公司員工，就會努力遵守身為員工應盡的職責。
- 不善於讚美他人。即使有心，也不容易表達出來。
- 成熟的 ISTJ 類型在人際關係中不會過分強調邏輯面，較為溫和沉穩，因而給人一種界線分明且值得信賴的形象。

ISTJ 的生活方式

- 善於管理時間和日程。即使沒有鬧鐘，也能按時起床。
- 專注於當下，也時刻對未來心懷準備。
- 做任何事情之前都會提前做好準備。例如有約會需要外出時，會事先用導航App搜尋，完美掌握所有路線。
- 會專注於現在「應該」做的事情上，進而推遲想做的事情。

- 不會參與股票、彩券、證券等高風險或變化無常的事情。
- 放假的時候，比起外出與朋友一起玩樂，更喜歡待在家中，集中時間進行個人想做的活動。甚至也會規劃休息時間，用來完成之前一直想做的事情，並為此感到自豪滿足。
- 喜歡宅在家裡，如果有必須外出處理的事情，也會事先預測路線，並以最短時間和最短路程完成任務返回。

ISTJ 的戀愛觀

- 因為害怕嘗試新的事物，所以往往無法輕易開始一段新的感情。
- 隨著戀愛時間變長，會展現更深厚的愛意，對於自己心愛之人極為專情忠誠，不會對其他人產生興趣。
- 比起萍水相逢的關係，更傾向於以結婚這一長期目標為前提的交往，因此會仔細審視對方的各個面向。
- 安排約會時，會妥善協調交通、飲食和移動距離，不浪費一點時間和精力，制定出最完美的行程。
- 是 ESFJ 類型之外，第二個能維持長久婚姻生活的類型。
- 無法長時間傳訊息或通話，容易對此感到疲憊，尤其若對方是外向且多話的類型，在進行超過一小時的通話後可能會有種被掏空的感覺。如果對方希望的話，還是能進行長時間的通話，但會比較接近於聆聽的角色。

ISTJ 的交友關係

- 在朋友關係中也會努力謹守禮節，盡量不傷害到別人。
- 如果有人來諮詢意見，會好好聆聽，並盡力提供實質且有幫助的建議。
- 雖然不容易和人變親近，但只要變成熟識的朋友，就一定會好好照顧對方。如果是真的很親近的好朋友遇到困難時，不但不會裝作不知情，還會提供金錢或實務上的幫助。
- 去餐廳時，離開前總是會先收拾好朋友遺忘或弄丟的物品。確認結帳狀況是否順利也是 ISTJ 類型的分內工作之一。

ISTJ 的好惡

- 喜歡制定計畫並遵循執行。
- 不喜歡沒有計畫就出去玩或是出現意料之外的約會。若聚餐活動沒有事先定案，而是在當天早上突然決定的話，會覺得很困擾。
- 喜歡守時的人。反之，不喜歡違背約定、出發前一小時或三十分鐘才突然推遲或取消約定的人。
- 不喜歡裝腔作勢的人，他們自己也不會做出明顯的炫耀行為。
- 比起照顧自己，他們更喜歡照顧大家。
- 喜歡井然有序且整潔的環境。下班回家後，會立刻整理包包、仔細檢查快遞包裹並做好垃圾分類。所有物品都必須維持在應有的位置上，心裡才會感到舒坦。

- 雖然昂貴的衣服或知名的品牌並不是必要的，但喜歡穿著得體且整潔大方的人。

ISTJ 的工作方式

- 會仔細且嚴謹地完成文書工作。進行作業時，不僅會標註每張照片的來源，還會統一標註的格式，也會再三斟酌文章的用詞直到滿意為止。
- 在需要提出新的想法時會感到為難。
- 即使是內心不喜歡的工作，也不會反駁上位者的安排，因為他們認為應該遵守上下關係的基本規範。
- 會發生為了把事情做到盡善盡美而疏於照顧身體狀態的情況。
- 害怕犯錯，有完美主義的傾向。敏感的ISTJ類型甚至會過分注重細節。
- 常常成為模範員工或獲得升遷，社會上的高階職位中有許多都是ISTJ類型的人。
- 比起不斷開展新工作，更偏好於反覆做已經做過的事情。

ISTJ 類型的煩惱是？

別人總說我細心、認真、可靠，但其實我常常擔心自己有沒有犯錯。如果我想成為對自己、對別人來說都更放鬆自在的存在，應該怎麼做才好呢？

 ## 小精靈瑪莉夢的建議是？

很多人都生活在夢想之中，但你顯然是一個有能力管理好周圍事物的人。當一個沉浸在白日夢的人把咖啡灑出來時，你正是會把現場打理乾淨的那個人。

有些類型的人只要看到50%的可能性就會撲向新事物，而你則是需要100%的確信才會開始，這也顯現了你是個多麼謹慎的人。

然而，這樣的優點太過頭的話，也可能成為你的阻礙。

因為難以挑戰新的事物，所以你有時會錯過很好的機會。當然，總是做已經做過的事情、吃類似的食物、選擇已經去過的地方旅行、在已確認可行的地方約會，這些可能都會讓你感到安心，因為這些都是你確信

不會出錯的選擇。但是，比目前更好的選擇和機會是存在的，我希望你能夠抱持著這樣的想法，偶爾一次，去嘗試全新的冒險。你可能會在買了新產品之後，意外發現那個東西成為了你最喜歡的單品。只要對變化抱持著開放的心態，人生就會變得更加豐富多采。

更重要的是，如果你改變了，你看待周邊事物的角度也會隨之改變。如果原本只收集橡實的小松鼠某天嘗試了水果、遇見了吃香蕉的猴子、遇到了吃蜂蜜的小熊，那麼牠在森林裡的世界將會變得更加寬闊，牠的目光也可以轉到新的食物上了。想像一下松鼠嘗試以前從沒吃過的食物時，生平第一次感受到的感動。人生是由許多小小的喜悅匯聚而成的，希望你能體驗到更多生活中的樂趣。

很難找到像你這樣了不起的人了，負責任又善於自我管理，再加上你也不驕傲自大、不虛張聲勢，簡樸又公正。我想為你堅持自己的方式和呈現出來的模樣而鼓掌，但我覺得你或許能放下一點點責任感，你已經做得非常好了。雖然充滿義務和責任的生活可能是較為穩定的，但在某些方面卻不太輕鬆和舒適，對嗎？所以

啊，要是你能稍微放下一些過多的責任感，以輕鬆的心態享受生活，應該就會更好了。

在你的人生中，更需要的就是「生活的樂趣」。試著過更有趣、更變化多端的生活怎麼樣？可能不會一下子就成功，但當你自己去找到有趣的事情，去嘗試、花時間去做，並從中感受到快樂時，就會逐漸習慣的。和朋友們或身邊的人一起分享幽默的事情，一起歡笑吧，如果什麼都不做時內心也能夠感到平靜，那麼任務就完成了。為了擁有更寬裕、悠閒、舒心的生活，再把義務的束縛稍微放下一點吧，在你開始思考「是不是可以這麼做」時再放下也沒關係，如果是你的話一定沒問題的。

最後還有一件事！

這是心理學家給完美主義者的建議，因為是個簡單有效的方法，所以我想要介紹給你。當你要做某件事時，不要煩惱著「可是我必須做……」，只要改變想法，變成「要是能做……的話就太好了」或「我想做……」就行了。當你發現僅僅是改變內心的想法能消除多少緊張感時，你一定會感到驚訝的。

和 ISTJ 類型變親近的方法

- 針對現實生活中 ISTJ 類型最了解的實務性問題發問並請求幫忙。
- 如果想要送禮的話,實用的禮物是最好的選擇,如果能準備平常就需要用到的東西,他們會更感動。
- 在進行任何事情或提出要求時,都要給他能夠充分思考的時間再詢問答覆。
- 受邀過去玩時,不要玩到太晚,一起把亂掉的東西整理好再回家,到家時發個訊息跟他說自己已經平安到家了。
- 在別人面前大肆稱讚他的話他會很害羞,可以在他本人不在場時再向其他朋友稱讚他,反正話語傳來傳去,最終還是會傳進他耳裡的。
- 由於長時間的通話會讓他們感到疲憊,所以要事先用訊息詢問對方時間是否方便再打電話,電話中也要盡可能地只說該說的話,最好避免長時間的閒聊。

ISFJ

~~~~~~~~ 溫柔的灰姑娘，ISFJ ~~~~~~~~

　　灰姑娘仙度瑞拉並不會對自己的處境感到悲觀，從凌晨開始就滿身是灰地辛勤工作。她不心存僥倖，也不會耍小聰明，對家人忠心耿耿，還會拿出自己要吃的乳酪給飢餓的老鼠，是既勤奮又心地善良的人。如果要將仙度瑞拉歸類進 MBTI 類型裡的話，她會是什麼類型呢？正是以護理師、志工、助理為代表的ISFJ類型。

　　並非所有ISFJ類型的人都會從事犧牲奉獻或幫助他人的工作，甚至內心可能與外表看到的樣貌不同，已經被沮喪、鬱悶之火燒得一片焦黑。不過，ISFJ的典型形象仍是「踏實而親切的人」，就像仙度瑞拉不也總是一邊辛苦地工作一邊帶著微笑唱歌嗎？

在ISFJ身上可能很難找到缺點，因為不管是什麼事情，他們總是會細心負責地做到最好。不浪費、不虛張聲勢，就連個性也很親切，可以說是「溫柔版」的ISTJ類型。

從身邊人的角度來看，ISFJ就是天使，他們的表情總是沉靜且帶著微笑，不太會發火，自己該做的事也會做得一絲不苟。偶爾也會有些ISFJ因為在外貌、性格、待人處世、能力上都太過優秀，以致於讓其他人感到自卑。

天使 ISFJ

服務、奉獻的 ISFJ

不過，讓我們想像一下，當繼母和姊姊們都外出參加派對，只有仙度瑞拉自己滿身是灰，獨自被留在家裡。在這樣的時刻，ISFJ會感受到湧上心頭的孤獨感。優秀的ISFJ會將日常工作好好完成，但也是直到這種時候，他們才會意識到自己比別人背負了更多的包袱。當然，在幫助別人、默默照顧其他人的同時，他們也不是

毫無所得。他們獲得了人們的信任、愛戴，成為了可以依賴的存在，甚至成為幕後的實權者，但儘管如此，他們仍然需要更多的鼓勵和讚揚。

#生活達人#天使#親切#奉獻#親近#整理#服務

總而言之，ISFJ 表面上看起來是既體貼又溫柔的天使，內心則是一個具有高度責任感、希望自己能善盡義務的人。

ISFJ 類型的知名人物包括德蕾莎修女、英國女王伊莉莎白二世和凱特王妃。電視劇的人物中，則可以以《新世紀福爾摩斯》中的華生作為代表。華生雖然只是福爾摩斯的助手，但他具備強烈的責任感和對福爾摩斯的崇拜，在危機時刻往往都能完美扮演確保福爾摩斯人身安全的保護者角色；而唯一一個能夠說服傲慢的天才福爾摩斯，或讓他改變心意的人，也正是華生。所謂柔能克剛嗎？ISFJ 正是最優秀的參謀，也是最溫暖的助手。

與其他類型相比的話，可以更清楚地了解 ISFJ 類型的特點。

I 換成 E 的 ESFJ 類型和
ISFJ 類型有什麼不同呢？

　　如果說 ISFJ 人格是謙虛、默默努力工作的類型，那麼 ESFJ 就是更加善於交際、積極幫助他人的類型。

　　喜歡派對或聚會的 ESFJ 類型，與越多人相處就越能獲得能量（如果收到感謝就更加開心了）。

　　不過，這兩種類型都具有 SJ 氣質，所以對於居家的經營管理和裝飾維護有著很大的興趣。他們是理智的人，不會做出怪異的行為，對於金錢和物品的管理非常用心。能夠幫助到別人時，他們是感到開心的，而身為團體裡的一員，他們也努力成為團隊中有用的人。這兩種類型的人生關鍵字都是「穩定」。

顧家的

ESFJ　　　　　　　　ISFJ

ISFJ 類型和只有 S/N 不一樣的
INFJ 類型有什麼不同呢？

　　ISFJ 和 INFJ 的最大特點分別是務實和想像力。ISFJ 類型很重視經驗和資訊，傾向於遵循既有的價值觀和習慣；相反的，INFJ 類型則認為自己獨有的價值觀和獨特的思考方式是很重要的，INFJ 會比較想挑戰新的想法和生活方式。

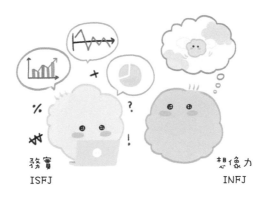

　　兩種類型的相似之處在於都富有同理心，對於他人的痛苦都無法袖手旁觀，但他們照顧他人的根本原因略有不同。INFJ 是透過直覺來感受他人的痛苦，將其視為自己的事情；而 ISFJ 則是透過察言觀色來感知他人的需求。

舉例來說，如果在聚會中看到一個臉色不好的人，ISFJ類型的人可能會想：「哎呀，手在發抖，臉色也變差了，是會冷嗎？我應該去拿點溫暖的茶給他。」而INFJ類型的人可能會在微妙的表情或語氣中自然而然地察覺對方的情緒，心想：「不知道發生了什麼，但那個人看起來心情很不好。噢，連我也感到難過了。」ISFJ會有意識地為了幫助對方而靠近他，而INFJ則偏向是因為無法對對方視而不見才不自覺地靠近他。

展現此MBTI特質的書名

● 孔枝泳《快樂我家》
● 李惠善《媽媽需要一個關閉電源的開關》
● 許然《我想要的天使》

～～～ 再多了解 ISFJ 一點吧！ ～～～

ISFJ 的人際關係

- 看到有困難的人會自發性地伸出援手，幫助別人的時候會很有成就感。簡單以感覺起來很相似的 ISFP 類型來作比較的話，與其要說他們是自動自發地去幫助別人，ISFP 比較算是被求助時不太會輕言拒絕，對於幫助別人他們並不會特別有成就感，只會想著他已經把該做的事做完了，然後就馬上去休息。
- 面對初次見面的人也會展現出善良、親切和體貼的一面。而且，這不僅僅是在喜歡對方的情況下才會這麼做。
- 給人的第一印象是開朗、可愛、親和力佳、處事圓融沒有稜角。
- 有時候會因為顧慮對方而無法把想說的話說出口，甚而因此感到心痛。
- 對於「～樣的形象特質」有種堅持。比如父親應該要是什麼樣子、母親應該要如何、子女應該有怎樣的行為舉止，他們對於這些固定角色都帶有一定的想像，而且這些想法是很難被改變的。

ISFJ 的生活方式

- 有著遵循傳統價值觀的保守傾向，在大家庭中的待人處世表現

得很好。只是，有時就算是「有關係」，也會說著「沒關係」就讓事情過去。

- 對於像是「家裡整理得很乾淨」或「模範家庭」這種稱讚感到開心。
- 擁有節儉的精神。不虛張聲勢。
- 很重視家庭。有時候也會有家人把ISFJ的犧牲奉獻當作是理所當然的情況發生。
- 對流行很敏感，還算擅長打扮，會配合場合穿著端莊且符合當下流行的服飾。

ISFJ 的戀愛觀

- 對於回憶或過去的傷痛難以忘懷。
- 會慎重地開始戀愛。多數情況是經過長時間的相處，自然而然地相互了解彼此、變親近後才轉變成情侶關係。
- 即使別人喜歡自己，也不會輕易墜入愛河。
- 如果覺得單戀的對象對自己不感興趣，會灑脫地收拾心情選擇放棄，不太容易選擇「霸氣挑戰」或「盲目衝一發」。
- 由於具備SJ的「務實」特性，談戀愛時也會確認對方是否符合他安逸生活的願景。為了打造幸福的家庭，會下意識地去評估對方是否是個合適的對象。
- 雖然談戀愛不是斤斤計較的類型，但如果心中感到不安或害怕，就不會考慮和對方結婚。只有在覺得對方是值得信賴且始終如一的人時，才會考慮結婚。

ISFJ 的交友關係

- 不太會表達難過或憤怒的情緒,但也不代表他們在感受到那些情緒後拍一拍抖一抖就會煙消雲散,只是他們和受到傷害後會選擇「絕交」的 NF 氣質不同,未來某一天如果ISFJ有機會說出口的時候,會傾向於深入地表達自己的內心感受。
- 會從常識和現實的角度來做判斷。
- 察言觀色的心思很敏銳,有一定的觀察力。
- 與外表看起來不同,內心敏感、敏銳,也很固執。這裡的固執指的是對於「自己(個人經驗上)的價值觀」的堅持。他們會在心裡區分「自己人」和「不是自己人」,對於「自己人」,他們會無私地對他好,不是的話,就不會表露太深的情感。

ISFJ 的好惡

- 對於職銜或位階抱有尊敬的心態。
- 覺得改變是困難的。
- 比起口語或書信,更喜歡用心包裝的禮物。會注意紀念日。
- 對於應酬話沒有招架之力,被讚美的話就會因為開心而更加努力。
- 承受壓力時身體容易出現不適。
- 對於不穩定的生活感到擔憂。
- 會試圖依照計畫行事。

ISFJ 的工作方式

- 盡忠職守。但想要善盡職責的心態也是這類型人格的軟肋，有時會讓他們變得過於勉強。「怎麼會這麼勤奮呢？」是他們很常從身邊人嘴裡聽到的話。
- 需要仔細的觀察力和要求準確性的事情都能做得很好。
- 有良心的。
- 具有無私奉獻的精神。
- 做事情非常仔細。
- 就算因為被責罵而感到傷心，隔天還是會完成習題、作業或工作上的事情。
- 如果沒有及時回覆別人發來的郵件就會一直很在意，有一種必須立刻回信的責任感。
- 在處理艱難的事情時，本人嘴巴上說沒關係，但有時候其實有關係。

計畫派
ISFJ

即興派、臨機應變的達人
ENTP

「完美影伴」

ISFJ 類型的煩惱是？

我屬於很會照顧身邊的人、待人友善的類型，也很常聽到別人誇我誠實、善良。但為什麼心裡還是覺得這麼空虛呢？要怎麼做才能讓心情更好呢？

 小精靈瑪莉夢的建議是？

努力活在當下固然很好，但這樣投入、付出的人生，以後也未必會帶來百分之百的好結果。你有聽說過「空巢期」這個詞嗎？有些女性一直以來都只把心力放在孩子和丈夫身上，當她們進入更年期，孩子們開始離家，她們就會因此感到孤單，進而罹患憂鬱症。據說最容易陷入「空巢期」的類型就是ISFJ了。

當你越是專注於需要整理的事情、需要照應的事情，你就越容易因為覺得身邊的人好像沒有在幫你而感到沮喪，如此一來，可能會導致你在無意間開始嘮叨了起來。

而且，當你花在別人身上的時間越多，留給你自己的時間相對就會減少。即使是在做正確的事情，但是

你的時間和悠閒時光卻會逐漸減少，這是個有點諷刺的狀況。

　　偶爾活得再懶散一點、再多做一點白日夢，這樣似乎也不錯。你並不討厭文學、藝術、休閒娛樂等興趣愛好，雖然希望能夠享受這些悠閒時光，但眼前總是有需要處理的事情，使得你又不得不投入瑣碎的事務中，這一點讓人感到有點可惜。

　　希望你能像照顧家人和朋友時一樣，也用等量的心力好好照顧自己。

　　你的人生中更需要的是「給你自己的禮物」。

　　你是一個踏實而溫柔的人，但或許就是因為你對別人好，所以也很容易受到傷害。希望你不要壓抑自己的情緒，讓你的情緒和慾望在當下就能得到宣洩與釋放，畢竟一直扮演給予的人是無法得到滿足的嘛。

　　我推薦的方法是「Flex$_5$」。偶爾去最昂貴、最美味、氛圍最好的地方，點一些平時就想嘗試的料理來試

---

5. 英文原本為「彎曲四肢」或「把肌肉繃緊」的意思，後在饒舌界逐漸衍生出「炫耀」、「炫富」、「浮誇賣弄」之意，現為韓國年輕人之間的潮流用語。

試看怎麼樣？走在氣氛不錯的咖啡街上，漫無目的地閒晃，如果看到喜歡的咖啡店，就不要考慮價格進去坐一坐，重點是要試著點些平時沒有機會品嚐的東西，就算偶爾浪費這麼一次，世界也不會崩塌的。

在收到送給自己的昂貴禮物時，會不會就能再次感受到自己也很珍貴呢？

就像仙度瑞拉穿上美麗的衣服和玻璃鞋，在舞會上受到眾人矚目，一邊跳舞一邊度過了幸福的時光一樣。

和 ISFJ 類型變親近的方法

- 討厭直言不諱或沒有禮貌的行為,所以要具備基本的禮貌。
- 稱讚或照顧ISFJ的家人。拜訪他們家的時候,帶著他的家人會喜歡的蛋糕或水果前往。
- 時常稱讚和鼓勵他。他們平時感到沮喪或受委屈時,會因為顧慮對方而選擇不說出口,但如果有人對自己的努力表達感謝之意並給予稱讚時,內心會感到很開心。
- 要求 ISFJ 類型做決定時,給予對方能夠慢慢思考的時間,不催促。
- 當ISFJ類型希望獨處時,幫忙打理周遭的事務,讓他可以有獨處的時間。

ESTJ

〜〜〜〜〜 **超級順遂媽朋兒₆，ESTJ** 〜〜〜〜〜

　　ESTJ 類型為何可以走上順遂的成功之路呢？

　　從小時候開始就是負責擔任班長或學生會長的模
範生，國高中時深受老師們喜愛，學業成績持續保持著
高水準，進入優秀的大學後，勤奮地拿下學分，然後進
入人人稱羨的職場。在職場上也會展現絕佳的社交能
力，不僅在工作上表現出色，在團體生活中的禮節與待
人處世的方式也都是一絕。

　　ESTJ 很多是公務員高層、銀行管理人員、財政管理
者等高收入領域中領取最高年薪的人。根據統計，十六
型人格中，ENTJ 和 ESTJ 是在平均所得第一名和二名
之間展開爭奪戰的那兩個。ESTJ的代表人物有希拉蕊·

柯林頓，畢竟希拉蕊可是曾對總統之位虎視眈眈的美國第一夫人。舉電影人物當例子的話，雖然意見有點分歧，但《哈利波特》系列中，妙麗聰明和理直氣壯的形象與ESTJ類型很相似，是模範生、樂於帶頭發表意見，不管處於多麼艱難的情況都會把自己該做的事情做好，這樣積極的行動力與ESTJ的某些方面很相似。

#社交生活_滿級分#超級人脈王#禮儀部長#超人#超級女英雄#能力者#最後的_勝利者#將軍大人

　　ESTJ類型表面上是開朗有活力的「第一名」，內心則是個為了更好的明天而吃了很多苦頭的努力人士。
　　與其他類型相比的話，可以更清楚地了解ESTJ類型的特點。

ESTJ 類型和 S-N、T-F 互換的
ENFJ 類型有什麼差異呢？

　　他們都能從與他人的交流中獲得能量，也善於把

---

6. 韓國流行語，意指「媽媽朋友的兒子」，源自於許多媽媽總會
　誇讚朋友家的小孩很優秀，引申為形容各個方面條件都很出色
　的人。

事情做好，這兩種類型在這些層面上很相似，但ENFJ有個比ESTJ更優秀的特點，那就是創造力（N）與感性（F）。換句話說，在真實感受（S）和邏輯能力（T）得分極高的ESTJ，在直覺與情感共鳴方面的分數勢必就會相對較低。

保守的ESTJ
（真實感受、邏輯能力）

創造力和感性的
ENFJ

在這種情況下，ESTJ實事求是的辦事能力和執行過程中的「調節裝置」就消失了，他們本來就屬於積極投入工作進而取得成果的類型，隨著這一個面向更顯強化，反而有導致人際關係出現裂痕的風險。他們可能不太在意他人的感受，也可能固執己見，認為只有自己的觀點才是正確的，使得他們陷入以自我為中心的泥淖中。

再加上，ESTJ本來就是最典型的SJ氣質類型，他們偏好穩定的生活，喜歡代代相傳的群體生活方式。他們喜歡傳統的溝通方式，因此比起水平的橫向關係，垂

直的上下關係通常讓他們感到更舒適，如果是一位工作經驗豐富且年紀較大的 ESTJ，那就更是如此。

價值觀念的變化是無窮無盡的，對於時時刻刻都在接納與適應這些變化的人來說，極有可能會覺得 ESTJ 處事的方式是迂腐陳舊且令人疲憊的，就算這種方式能帶來很好的成果也是如此，因為實際上有些類型的人比起「成果」，常常更重視「內心的幸福」。舉例來說，像是 ISFP、INFP、INFJ 和 ENFJ 類型的人，都很難理解為何 ESTJ 類型的人會那麼注重結果。

ESTJ 類型作為一個社交達人兼自我管理達人，需要意識到有人是用與自己不同的價值觀在生活的，如此才能包容許多人的情感和故事，獲得提高整個群體成就的機會。

超級順遂媽朋兒 ESTJ 類型和 ENFJ 類型有哪些地方是不同的呢？

這兩種類型都認為情緒化的判斷是不成熟的，因此他們會用理性的思考來冷靜地做出判斷，藉此獲得最佳的結果。他們都具備出色的自我管理能力，當然對自己也抱持著很強的自尊心。

畫出大藍圖 ENTJ

設定目標、高效處理 ESTJ

　　然而，因為有使用直覺（N）和實感（S）的差異，ENTJ類型高度偏好能給予他們「智力上」刺激的全新點子。若說ENTJ是先看著一幅大藍圖再有系統地畫出細部的類型，那麼ESTJ就是先制定計畫，從細項業務開始執行的類型。為了完成眼前的任務，比起描繪出巨大藍圖，ESTJ類型會針對該做的事情用最有效率的方式處理做出決定、執行、下達指令等一系列流程。

ESTP 類型和 ESTJ 類型
有哪些地方不一樣？

　　這兩種類型只差一個字母，但常常會展現出驚人的差異，這是因為他們的氣質本身就有根本上的不同。

　　ESTP是SP的代表類型，是最衝動也最具有挑戰精神的，屬於行動總是超前於計畫的類型，爆發力和臨機應變的能力也相當出眾。ESTJ則是SJ的代表類型，

他們較為保守，善於表達自己的信念，做事時也不會
耍花招。

衝動型、挑戰型創業家
ESTP

保守的上班族 ESTJ

ESTP 是會從社會的規範和規則中四處找漏洞鑽，
自由自在地玩樂並享受其中的類型；而 ESTJ 則比任何人
都更加堅守規則與規範，是願意過著加班生活的類型。
不過，這兩種類型都具有分析能力，做事的頭腦也很
不錯，因此 ESTP 通常會在創業家的角色下發揮長才，
而 ESTJ 則會以優秀的職場人才這個身分展現能力。

展現此 MBTI 特質的書名 ———————————————
- 東野圭吾《她都計畫好了》[7]
- 金有真《我的一天從 4 點 30 分開始：讓一天變成兩倍的習慣》[8]
- 朴日煥《直到達到滿分》

7. 此處以韓文譯名翻譯，此書在臺灣出版書名為《與眨眼乾杯》，
原文書名為《ウインクで乾杯》。

8. 此處以韓文原書名翻譯，此書在臺灣出版書名為《我的一天從4點
30分開始：當你酣睡時，有人已醒來實現夢想！》。

ESTJ 的人際關係

- 在他人面前展現的模樣就是真實的樣貌,屬於表裡如一的類型。
- 有想說的話就會當著對方的面直接說。誤會會當面說開,不太會在背後說人閒話。
- 有話直說,不會修飾或拐彎抹角,因為他們認為坦率地說出來才能更快速地傳達給對方。
- 在評斷一個人時,會先看學歷、外表等外部條件。
- 下班後會積極參與「和人喝一杯」的聚會,喜歡與他人對話。

ESTJ 的生活方式

- 總是會先制定計畫並按表操課。
- 就連休息的日子也會有一天的計畫表。
- 具有強烈的守法意識。
- 對他們來說什麼都不做是很困難的一件事。
- 無論要開始做什麼事情,都會先預想(決定)結果後再開始進行。
- 追求有規律的生活。

- 需要提交作業時，要在截止日的前幾天先把作業完成才會放心。
- 雖然個性不算出色，但會在自己的領域中展現成功的樣貌。

ESTJ 的戀愛觀

- 雖然會好好準備活動或紀念日，但不喜歡驚喜，傾向於用金錢（財物）來表達愛情。
- 常常被人家說很木頭、不會撒嬌，但對於自己選擇的人會用真心去珍惜，屬於結婚後能夠穩定維持長久關係的類型之一。
- 在和戀人分享關於回憶或經歷的話題時，較難理解過於感性或主觀的部分。舉例來說，當兩人一起看照片時，他可能會對回憶起當時興奮情緒的戀人說出「這照片的構圖和角度很棒」這樣的話，對照片進行分析和說明。
- 會在與喜歡的人、家人、朋友的關係之中追求信賴感，同時也會保持坦誠。

ESTJ 的交友關係

- 會坦率地表達自己的感受，就算心情不好也不會隱藏或發脾氣。
- 當朋友對某個點感到不自在或當天心情特別不好時，他們也不太能察覺這種細微的情緒變化。
- 當朋友向他們訴苦，他們會感到為難，特別是跟感情相關的諮詢變得冗長時更是如此。這是因為他們的思維比較超前，所以較難對他人產生共鳴，有時候甚至會在聽朋友的煩心事時聽到

分心走神。

- 和朋友的對話內容是較為務實的，例如：投資理財、運動、社會議題等。對於不現實、空想或觀念性的對話比較沒有興趣、關心程度低，因此可能只會蜻蜓點水式地淺聊一下。
- 認為即使和朋友之間已經是相處融洽的關係了，還是應該要遵守基本的禮節。

ESTJ 的好惡

- 喜歡守時的人。
- 因工作表現出色而得到身邊的人認可時會感到開心，當自己的真正價值未受到肯定時會感到壓力。
- 不喜歡辯解。
- 如果是上司的話，喜歡下屬先詳細彙報情況。
- 公私分明。
- 是對MBTI最不感興趣的類型。
- 待在沒有整理的空間裡或周圍很髒亂時會感到壓力。
- 喜歡家庭聚會、外出用餐、家族旅行。
- 討厭突然成行的聚會。
- 不喜歡約定突然變卦，若是當日才變卦就更不開心了，對出發前才變更的狀況會感到生氣。

ESTJ 的工作方式

- 對於工作以外的變數（例如個人的不愉快）感受能力較低弱，就算有所感知，若是對於處理事情沒有太大幫助，就會直接無視並繼續進行。
- 一旦開始，就不會馬虎。
- 是十六型人格中處理工作速度最快的。
- 比起冒險發揮獨創性或創造力，更偏好根據以往的經驗進行實務判斷。

ESTJ 類型的煩惱是？

雖然會聽到別人說我工作表現出色，但偶爾還是會感到倦怠，感覺我去除工作之後的模樣顯得很一無是處，無事可做時會覺得自己很渺小，心裡更是疲憊。究竟是從哪裡開始產生問題的呢？

 小精靈瑪莉夢的建議是？

你在理財等實務方面的觀念很優秀，是最努力生活的人。對於有煩惱的朋友，你會提出具體的解決方法，是個像「汽水」一樣讓人感到舒心暢快的人。即使在工作上感到疲憊，你也不會表現出疲態或耍賴賣苦，雄糾糾氣昂昂工作的模樣就像是位將軍一樣。就是因為有你熱忱地投入工作，這個世界才能變得更好、朝著更好的方向改變。

但是有幾點希望你能夠記住，因為你喜歡不拖泥帶水且明確的報告，我會用條列的方式簡單整理一下；加上你不喜歡冗長繁瑣的說明，所以我也會盡可能簡略說明。

首先，要小心慢性疲勞。希望你也能學會說「今天就先這樣吧」這句話。

　　其次，要區分公司事務和個人發展。想想「公司生活之外是否還有真正屬於自己的私生活」，如果能將工作的時間和個人時間區分開來，對你來說就能累積更多長期能量，試著把休息時間也當作正規的時間加入計畫表中吧。

　　第三，要恰到好處地在批判與理解之間取得平衡。希望你能比現在更重視人際關係的微妙之處，偶爾關注一下身邊人們的情緒也是必要的。指責和碎唸或許會有效果，但事實上不論是誰，每個人都不會仔細去聽不喜歡聽的話，這就像《伊索寓言》中想脫掉旅人衣服的北風和旅人之間的關係。當某人犯錯時，比起先指責，不如試試親切地進行對話，花點時間傾聽對方的煩惱。

　　第四，如果出現新的事物，就嘗試看看。人生那麼漫長，還有什麼是無法體驗的？經歷得越多，你的資產也會隨之增長的。

　　要我說啊，你有時候把人生過得太匆忙了，總是

想著要速戰速決，用最少的流程產出最好的成果。

　　既然奔跑過來的路上已經氣喘吁吁了，現在不妨試著給自己一點時間稍作喘息？

　　雖然聽起來可能有點陳腔濫調，但多接觸呼吸法和冥想是有好處的。

　　進行冥想的這段時間可以讓你聽到你自己內心的聲音。

　　你可能會覺得：「聽見內心的聲音要幹嘛？」但這世界上存在著「無用之用」，看不見的事物的力量，可能比你想像中還要更加強大。這些會靜靜地在你內心累積，當你在某一瞬間回過神時，就會看見一片寬闊而美麗的雪地。

　　因為你喜歡具體的事物，若配合你的偏好，冥想可以透過書本教學進行。但也有教學節目可看，所以也可以直接看著影片畫面嘗試一下，有一些簡單的五分鐘冥想或瑜伽，試試看吧，你會發現光是透過呼吸，就能讓集中力有驚人的增長。

　　你可以把生活的步調再放慢一些，試著去尋找快與慢之間的平衡，就像車子啟動、奔馳前需要注入燃料一樣，也在你的內心注滿純淨的能量吧。

和 ESTJ 類型變親近的方法

- 針對 ESTJ 類型熟知的專業領域中與「知識性」有關的話題,具體提問並請求幫助。得到幫助後,在表示感謝之意時可以招待對方吃好吃的東西,或是贈送平常會需要的小禮物,實用的回報會是較好的選擇。
- 不跟 ESTJ 談論像靈魂、魔法、隨機的心理測驗這種非現實且抽象的主題。
- 過度的稱讚會讓他們感到不自在,也不會相信。說話時不要過於誇大其詞。
- ESTJ 是率直且單純的,當他們看起來像是在生氣時,直接詢問他們是為了什麼而生氣就好了。
- 他們對自己處理事情的方式有自信,所以就算有人反對也會力排眾議,堅持到底,因為他們「相信自己的方式是正確的」。不要把這視為固執,把這當成他的實力並認可他。

ESFJ

可愛的嘮叨鬼，ESFJ

要說所有類型中哪種類型最善於交際，可以透過和他人的互動來獲取能量？那正是ESFJ。

ESFJ雖然不是華麗或最有魅力的類型，但他們在某些場合卻扮演著必要的角色。課堂上，每當老師說話時，他們總會給予豐富的反應，在派對或聚會等場合也是心思細膩的待客之王；在公司裡，他們既能聰敏和氣地完成自己的工作，同時也能兼顧服務精神，他們對於同事的私生活大部分也都有所了解。

此外，他們的情感十分豐沛，也富有同理心，因此會將別人的事當作自己的事情一樣關切，有時候會因為過於照顧他人，導致對方覺得他們的關心是多管閒事

或過度干涉。他們會把對方的行程當作自己的事，連瑣碎的事情也想知道；會經常聯絡問候，也會把自己和周遭的消息告訴對方。當有人對他們釋出的好意表達感謝之情時，他們就會覺得自己的付出都是有意義的。或許ESFJ最害怕的就是與他人斷絕關係，當他們與人建立良好的人際關係時，他們才會感到安全且舒適。

重視個人生活 INTP

重視排場、活動 ESFJ

　　ESFJ的另一個特點是有一份明確的價值觀清單，清單上記錄了他認為世界上的人們應該有什麼行為，這並不是一份個人的慾望清單，而是社會規則。他們是一群遵守規則並認為規定很重要的人，換句話說，他們對於自己負責的工作抱持責任感，高度重視完成工作這件事，因此他們會對不遵守規則與不真誠的人嘮叨幾句。若他們判斷是無法信賴的人，會極端地與對方斷絕關係，即便這對ESFJ類型來說很困難，但他們在這個部

分是非常堅決的。

　　ESFJ類型富有情感，在組織內部有著出色的管理能力，對於照顧他人不遺餘力，會用自己的方式提供幫助，但幫著幫著，有時也會變成干涉他人事務的好事者。

　　ESFJ還有一個特點，他們是務實的，而且能夠一團和氣地處理業務，他們會制定計畫並妥善執行。細心又認真的一面乍看和ESTJ很相似，只是ESTJ會把重點放在「工作」上，ESFJ則會把重點放在「人際關係」上。會讓人聯想到ESFJ類型的人物是「白雪公主」。

認為團體生活很重要的ESFJ
（feat.白雪公主）

　　與七個小矮人一起生活的公主起初只是個外來客，但最終憑藉著她聰敏和氣的辦事能力與溫柔體貼的照顧，成為了主管七個小矮人家務的女主人，最後更與王子結婚，獲得了安穩的家庭生活及地位。但即便如此，她也曾因為心腸太軟，毫不懷疑地吃下巫婆給的毒

蘋果。透過白雪公主的故事，我們可以看到ESFJ務實角度的視野、勤能補拙的特性，以及容易被情感影響的柔軟心靈。

對於ESFJ來說，家庭和團體生活，以及從中獲得的安定感是最珍貴的。關懷、同情心、社交能力是ESFJ與生俱來的能力，並不是強求而來的。ESFJ的根本需求是不脫離群體，與自己所愛的人們和平地生活下去。

#盛宴#派對#服務#保守的#真誠#稱讚#認可
#和諧#奉獻#犧牲#同情心

總而言之，ESFJ類型表面上是善於社交、很會照顧他人的親切「保母」，但進一步了解後會發現，他們的所作所為已經超越了保護，是能夠有效管理群體的「尊夫人」。

ESFJ類型的知名人物有美國脫口秀的主持人賴瑞‧金和芭芭拉‧華特斯、英國的威廉王子、演員安‧海瑟薇。虛構角色則有《魔戒》中的比爾博‧巴金斯、《玩具總動員》的胡迪等。

了解與其他類型之間的差異後，就能更明確地掌握ESFJ類型的本質。

ESFP、ENFP、ENFJ 類型和 ESFJ 類型有哪些地方不一樣？

　　ESFP 類型與 ESFJ 類型相較之下顯得更加自由且不拘泥於規則。因此，在 ESFJ 看來，ESFP 的自由奔放可能會讓他們感到羨慕，也可能讓他們感到不自在。

　　ENFP 類型也像 ESFP 一樣自由奔放又冒失。當善於整理、有計畫且沉穩的類型看到他們時，可能會想要為他們打理好瑣碎的事情；另一方面 ENFP 驚人的想像力與多才多藝也可能會讓人想要向他們學習。ESFJ 會像個模範生一樣，按照固定模式好好地完成被指派的事情；ENFP 則因為擁有卓越的創造力，會選擇完全跳脫別人的形式，提交出可以重新闡釋的作品。但相對的，ENFP 也可能因此無法好好遵守約定的截止日期。

　　ENFJ 和 ESFJ 類型是最為相似的，他們都會受情感牽引、都能好好地遵守計畫、也都很真誠認真。對他人親切溫柔、善於照顧別人，這些面向也都很相似，只是根據精神層面或實務層面的不同，這兩種類型感興趣的領域也會大相徑庭。

　　ENFJ 類型會發揮想像力，一邊描繪理想的世界一邊過生活，比起現實，他們更關注未來的可能性。

　　相反的，ESFJ 類型會觀察現實狀況為未來做準

備，因為「未來的可能性」是尚未定案的東西，所以他們不會把心思放在上面，他們認為只有「在此時此刻把生活過好」是唯一可以確實掌握在手中的事情，因此他們希望自己能合於主流，也會為了在群體裡得到好評價而努力。ESFJ 經常會聽到「受過良好教育」、「觀察力敏銳」、「機靈又和善」等評價。

展現此 MBTI 特質的書名

● 曾野綾子《當你放棄做一個好人時，你會變得很舒服》[9]
● 瑪麗・庫碧卡《The Good Girl》
● 安田正《一流的閒聊能力》[10]

9. 此處以韓文譯名翻譯，此書原文書名為《いい人をやめると樂になる 敬友錄》。
10. 此處以韓文譯名翻譯，此書原文書名為《超一流の雜談力》。

再多了解 ESFJ 一點吧！

ESFJ 的人際關係

- 雖然不喜歡欠別人人情，但本人卻享受付出。若是欠了人情，就一定會還，而且還的會超過欠的。
- 是反應之王。若是有個人交情的，會認真傾聽朋友的故事，回以拍手或點頭；在臺下當聽眾時，會對演講者保持笑容，適當給出回應；學校裡，在老師的課堂上，會好好回答老師問題，並時常面帶微笑。
- 雖然不太會講不好聽的話，但很常碎碎念，特別越是親近的關係，出於關愛的嘮叨就會更加頻繁。
- 難以接受違背自身價值觀的行為（特別是攸關守法、道德、社會善良風俗等），由於他們自己十分遵守規則與規範，因此在這個方面上比較嚴格。
- 喜歡參加派對、家族聚會、活動等有很多人聚集的熱鬧場合。

ESFJ 的生活方式

- 樂於制定計畫，也經常寫日記。他們的計畫不單純是排定一天或未來的時間表，而是制定 A 方案、B 方案、C 方案等兩、三

個計畫以作為應對之用。

- 希望能照計畫行事，只要有一件事無法按照預期執行就會感到不開心。
- 過著以家庭為中心的生活。
- 不會花時間想像或做白日夢，只做現實的夢。
- 會在意別人的情緒，所以比起有話直說，反而更偏好迂迴說話。

ESFJ 的戀愛觀

- 喜歡會過紀念日的人，用一百朵玫瑰或浪漫的手寫信等方式來表達愛意的話會讓他們很感動。
- 有細心的一面，能察覺戀人的情緒變化並做出應對。
- 比起臨時起意的約會，更喜歡事先計畫好並做準備。
- 不喜歡不在計畫內的日程或驚喜活動。
- 是個很常表達愛意並經常與對方對話的戀人，連瑣碎的小事情也想分享給對方知道。
- 不是會快速陷入愛情的人，比較偏好花時間慢慢觀察對方後再進入交往關係。
- 會展現誠懇認真的一面給戀人看，抱持著想與對方結婚的想法交往。
- 若是扭曲的 ESFJ 類型，可能會強迫對方做出反應或對其反應有種執著，導致對方心情上感到疲憊。
- 約會時喜歡輕鬆的日常對話。

ESFJ 的交友關係

● 比起自己的心情，反而會更在意朋友的情緒，所以會配合對方。

● 與朋友見面時總是活力充沛，喜歡花時間在日常閒聊上。

● 雖然有很多朋友，但不喜歡淺薄的關係，儘管交友廣闊，還是會盡可能與對方深入交談。

● 當對方說起自己的煩惱時，會當作自己的事一樣認真傾聽，並給予熱情的回應。

● 富有同情心，所以感覺朋友好像有困難時，就會盡力在物質和精神上都提供幫助。

● 信守承諾。對方取消約定時會感到失望，尤其是當天才在毫無預告的情況下取消的話，會對對方感到非常失望。

ESFJ 的好惡

● 對穩定的生活有強烈的渴望，例如好的房子、工作、舒適的人際關係、寬裕的生活、美味的食物、和睦的家庭聚會等。

● 會因為聽到別人說謝謝、辛苦了、做得好之類的稱讚而感動，付出辛勞而獲得的讚美和鼓勵是能量來源之一。

● 相反的，如果在人際關係中無法受到稱讚或肯定，會比其他任何類型的人都感到更加絕望與失望，甚至不管對方是否需要自己的幫忙，都會在心裡埋怨接受了幫助卻不出聲給予讚揚的人。

● 社群媒體是社交生活的一部分，對話時會準備許多各式各樣的

表情符號來表達反應。

- 對於理論性的討論或學術性的知識競賽不太感興趣。

- 討厭傷害他人的人、若無其事地無視規則的人、行為舉止無禮的人，以及必須適應劇烈變化的情況。

- 會選擇時常前往的餐廳或旅遊地點，全新的嘗試（飲食、風格、工作）不受他們的青睞。

ESFJ 的工作方式

- 在學校、職場等團體生活中，具備堪為榜樣的態度和奉獻精神，能夠營造融洽的氛圍，也善於配合周圍人的情緒，是群體之中行為舉止最具察言觀色能力的人。

- 突然出現的作業或形式自由的任務會讓他們感到壓力。反之，在按照既有方式仔細執行的固定工作事項上，則能有出色的表現。

- 適合在大型企業或公家機關工作。

- 從事銷售、美容等需要接待客人的工作，或是社會工作者等服務性質的工作都很適合。

ESFJ 類型的煩惱是？

照顧身邊的人或關心他們讓我感到很開心，但若沒聽到對方開口道謝，偶爾會讓我覺得有點沮喪。是我太多管閒事了嗎？又或者，難道是我心胸太狹隘了嗎？

 小精靈瑪莉夢的建議是？

你是個很可愛的人，還有誰能像你一樣為他人著想、勤勤懇懇地消化自己負責的工作、真心誠意地提出建議呢？

然而，在某些情況下，這種人際關係中的調味劑反而會變成毒藥，如果把別人的優先順位放在自己之前，你將會在某個瞬間產生「自己好像消失不見了」的感覺。

與你是否替他人著想無關，遇到展現出厚顏無恥態度的無知之人時，憤怒值會因此累積；若身邊的人不認同你，你也會感到不安。

希望不管處於什麼情況之下，你的選擇重心都能

放在「你自己」身上。不要在意別人的眼光，就按照你想做的去做也沒關係。你想吃什麼？現在想做什麼？希望你在社會的視線裡能夠再稍微自由自在一點。

除了經常做的事情以外，也試著去挑戰沒做過的事如何？不想硬是去做也可以，但要經常檢視自己是否有把付出的親切善意用在自己身上，比起別人，應該更優先關心自己。

練習換位思考也是不錯的。當你看到一位母親花大錢送子女去補習班，但卻捨不得把錢花在自己想吃的東西或自我成長上時，你會有什麼想法？希望你也能用這種視角多照顧自己一點，把自己當作朋友、當作子女、當作父母，試著練習交換立場看看。

如此一來，你就能將比現在更多的心力投資在自己身上。自己照顧自己、給予自己關愛，當你越是將注意力集中在自己身上，就越能夠控制過度關照別人的感情。

要是覺得心裡煩悶憂鬱的話，就到大自然裡散散步吧，慢慢地走著走著，心情就會變好的。仔細思考對自己來說需要的東西是什麼，自己想要的生活是什麼模

樣，希望你能把時間花在專注思考只與你自己有關的事情上。

　　希望你多多鼓勵自己、多多輕拍自己，你平常已經表現得很好了，所以請對自己多說一些親切溫暖的話語吧。

和 ESFJ 類型變親近的方法

- 交談時專心聆聽並給予熱烈回應。說話時對方沒有表現出任何反應的話,可能會讓 ESFJ 感到難過失望。
- 對於 ESFJ 的各種關心和善意表示感謝。只需要稱讚他,說句「辛苦了」、「謝謝」,就會讓 ESFJ 很感動。
- 經常保持聯繫,即使沒有事情也可以打電話問好。
- 當 ESFJ 生氣時,不要給予建議或忠告,只要負責傾聽就好。若在傾聽的過程中表現出同感,ESFJ 的怒火就會平復,絕對不能用理性論述的方式去應對。
- 在 ESFJ 面前展現出有責任感的一面。
- 不要做出在路上亂丟垃圾、在禁菸區抽菸、在電影院裡喧鬧等違反規定的行為。
- 若發生了需要取消約會的情況,越是提早聯繫越好,盡量避免當日才取消。
- 內向(I)和理性(T)的類型可能反而會對 ESFJ 的過度關心感到不自在,若是能巧妙避開他們過度熱情、多管閒事、過多的干涉,就能變得更加親近。

ISTP

ISFP

SP

我是「紅毯明星」

ESTP

ESFP

SP 氣質的特點

實感型（S）＋感知型（P）

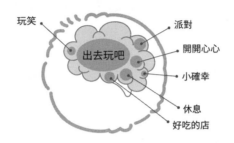

玩笑　派對　開開心心　小確幸　休息　好吃的店　出去玩吧

　　想到貓王、麥可·傑克森、孫悟空時，會浮現什麼印象呢？開心玩耍、將藝術才華發揮得淋漓盡致、像個調皮搗蛋的小頑童，SP 氣質正是這種形象。無論走到哪裡，都像主角一樣引人注目，能以幽默感或特別的才能攏絡周圍的人，他們就像是「紅毯上的明星」一樣充滿存在感和魅力。

　　MBTI 的十六種類型可以根據相似的氣質分類成四種，其中 ISTP、ESTP、ISFP 和 ESFP 類型被稱為 SP 氣質，因為它們都包含了 S 和 P 這兩個字母。

SP 氣質因為具有 S（現實感受）和 P（感知、靈活性），因此他們試圖在現實中享受最大程度的自由，他們最關心的事情既不是過去也不是未來，而是「現在，此時此刻」。

SP 氣質中有很多優秀的運動選手、演員或藝術家等等。SP 氣質傾向於持續重複他們覺得受吸引的行為，其他氣質是即使辛苦也會忍著、努力提高實力，但 SP 卻是因為「那個行為太有趣了」而不自覺地反覆練習，用全身的感官去感受，全心投入在那個行為之中。SP 中有許多人是做著喜歡的事情，做著做著不知不覺就成為那個領域的明星了。

此外，和 SP 氣質在一起的話就不會有時間覺得無聊。SP 是很會玩的人，在感受和享受這件事上是數一數二的，外向的 ESFP 和 ESTP 類型最能展現 SP 氣質的特點。相反的，ISFP 和 ISTP 類型就有些許不同，ISFP 乍看之下，會覺得看起來像是內向的 NF 氣質，ISTP 則有冷靜和漫不經心的一面，但他們都是 SP，所以基本的需求是一致的，那就是對自由的渴望。

SP 氣質的另一個優點是「適應力良好」與「應變能力絕佳」。他們擁有超群的協商能力，在事業上表現出色，那些所謂具有「商人」特質的人之中有很多都是 SP。他們是務實的，所以對於概念性或無法捉摸的

漂浮話題感到頭痛，討厭複雜且冗長的敘事，喜歡簡潔扼要地說話，有時也會有點沒頭沒尾。他們的恢復彈性良好，所以即使遇到不愉快的事情，只要睡一晚就能忘記，從旁看著這些人也會被傳染開心的心情。

常常會有人說 SP 具有「蚱蜢」特質，SJ 則具有「螞蟻」特質。只顧著玩樂的蚱蜢在最後去找螞蟻尋求幫助的場景是《伊索寓言》裡的著名情節，不過也有很多人會從別的角度來想這個故事：開心地跳舞、演奏樂器的蚱蜢被有名的經紀公司挖掘，最終成為了明星而且賺了很多錢，這是另外一種故事結局。根據如何看待 SP 氣質，他們的人生也會有一百八十度的大轉變。

SP 氣質在體驗各式各樣的事情時，可能會遭遇各種危機，也可能會遇見好朋友並享受人生。從某種意義上來說，這個氣質的最大優點同時也是缺點，那就是自信且自由的想法與行動。

他們的人生有兩個需要改善的不足之處，一個是多少要控制自己蠢蠢欲動的衝動個性，另一個則是試著在行動之前先深入思考並分析情況。單純又明朗的模樣是 SP 的魅力，但即便如此，只要能完善這兩點，就能在保有自己魅力的同時，又能更穩定地過上自己想要的生活。

ISTP

〰〰〰〰 **技能滿點的勇士，ISTP** 〰〰〰〰

　　ISTP 類型是沉默寡言、透過行動來表現自己的冒險家，對局勢的判斷快速且冷靜。英國的求生專家貝爾‧吉羅斯、靠自己的力量消化動作戲的演員湯姆‧克魯斯、電影裡的「007詹姆士‧龐德」都是ISTP類型的代表人物。

　　不知為何他們講話時，字字句句都會散發一種冷酷且神祕的氛圍，但深入了解後，會發現他們是會替對方著想的類型。雖然ISTP時常擔心自己是否太過缺乏同理能力了，但其實他們只是不太會表達而已。ISTP即使說不出浪漫情話，他們還是會用行動來對自己喜歡的人好。

也有很多人會覺得那種冷冰冰又坦白直率的一面很有個性。在小說或漫畫中，給人一種莫名冷淡又憤世嫉俗的感覺、能力值達到最高、貼心照顧戀人卻不露半點痕跡的「傲嬌」角色中，有很多都是 ISTP。冷酷的勇士、漂泊在江湖之中的神祕武林高手等，都是 ISTP 類型的代表性形象。

ISTP 的反差特點是他們其實是非常隨和的人，說是勇士、冒險家、祕密特工，感覺像是什麼偉大的人物，但 ISTP 不會刻意活絡氣氛來裝模作樣，他們不虛假、很有幽默感，有時甚至會把自己當作辛辣玩笑話的對象。

冒險家 ISTP

他們最討厭的事情是受限於群體或規則的束縛，遇到無法按照自己的想法行事的狀況。因為不想依靠他人，所以即使覺得辛苦也不會表露出來，就算有煩惱也不會輕易說出口；儘管過著團體生活，也會致力於保護

自己的個人隱私。

#自我導向#隱私#獨立的心#不_虛假#坦率#冷笑
#冷靜#解決問題#樂觀

　　總而言之，ISTP 類型表面上看起來是理性且有邏輯的勇士，內心則是重視自由的個人主義者。

　　當與生俱來的才能再加上專注力與努力，他們經常能在專業領域爬升到最高的地位。老虎伍茲是高爾夫球之神、麥可・喬丹是籃球之神、李小龍是武術天才、尹汝貞是首位在奧斯卡頒獎典禮上獲得最佳女配角獎的韓國演員。尹汝貞曾說過「為演戲賭上性命」，僅僅這句話就能看出會讓 ISTP 賭上性命的不只局限在危險的冒險上，他們看待自己所做的事情是十分純粹且完全專注的。

　　與其他類型相比的話，可以更清楚地了解 ISTP 類型的特點。

比較一下只有 P/J 互換的
ISTP 類型和 ISTJ 類型吧

只有一個字母不同，但實際上看起來幾乎完全相反。

ISTP 是不受規則束縛的類型，不喜歡做的事絕對不做，也不太會看別人的眼色行事。

樂觀的 ISTP　　　　　　悲觀的 ISTJ

相反的，ISTJ 是遵守規則的類型，就算是不喜歡做的事情，該做的話還是會抱持著耐心去做；此外，他們也會受到周圍的好評鼓舞，可能的話會盡量按照團體的共同價值觀行事。

比起受某人指示而去做某件事情，ISTP 更傾向於自主決定再採取行動，當然在這個過程中他們看起來可能會顯得武斷獨行或像個叛逆者，但就算如此，這個類型的人還是會認為自己的行為要由自己負責。

ISTJ 的思維則全然不同。對他們來說，責任不單純只是個人問題，還涉及團體成員之間的承諾，因此 ISTJ 類型通常不會採取獨斷的行動。

在朋友或同學聚會中，會遵守前後輩之間禮節的類型通常是 ISTJ；而不管年齡或年級，希望能不講究形式來相處的類型則是 ISTP。

在沒有發生任何事的平靜狀況中，ISTJ 會感到開心，ISTP 則會覺得無聊。即使危險，但激動人心和變化多端的事情才會讓 ISTP 保有活力。在建立和經營組織的行政管理方面，ISTJ 類型表現出色；關於不受社會價值觀或傳統約束的個人行動力，ISTP 類型則更為優秀。

只有 I 和 E 不同的 ISTP 類型和
ESTP 類型有什麼不同呢？

ISTP 和 ESTP 的相似之處在於他們都重視經驗和體驗，但是 ISTP 類型主要偏好獨自作業，也比較喜歡個人活動。

相反的，ESTP 類型顯得更加冒冒失失一些，而且他們偏好需要和其他人一起參與的活動，即使只是吃一頓飯，也比較喜歡大家都一起聚到美食餐廳用餐。

不過，他們兩者都追求 YOLO[11] 的人生態度，會追

尋自己的興趣愛好，所以他們兩個若成為朋友，勢必能一起度過愉快的時光。

ISTP 類型和只有 T-F 不同的
ISFP 類型有什麼差異呢？

ISFP 和 ISTP 是非常相像的類型，兩者都是個人主義的，不願意向他人透露自己的祕密或內心想法這一點尤其相似。

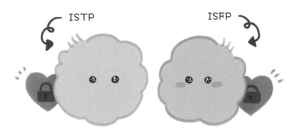

不會向別人透露自己的內心

實際上，這兩者都對維持人際關係不感興趣，平日裡慵懶地過著悠閒生活這一點也十分雷同。一旦他們感興

11.「You Only Live Once」的縮寫，意為人生只有一次，請把握當下、及時行樂。

趣的事有所重疊，這兩種類型就會成為非常合拍的關係。

　　兩者的差異之處在於表達感情的方式，由於ISFP非常在意別人的感受，所以會讓人覺得他們是「比較體貼的ISTP類型」。

INTP 類型和 ISTP 類型
有哪些部分不一樣呢？

　　這兩種類型都有固執的一面，也很有自己的主見，他們寧願選擇獨自一人，也不太願意在群體裡迎合其他人的情緒。兩者之間的差異在於S和N，S是實感型，N則是直覺型，ISTP對眼睛看得見的實際世界感興趣，INTP則對探索眼睛看不到的世界更感興趣。

　　ISTP的手藝出眾，能熟練地使用身體和工具；INTP則是在想像力和點子發想能力方面較為出色，經常會展現出四次元的聯想力。相較於ISTP，INTP類型對於抽象且理論性的主題更感興趣。

ISTP 類型和
ESFP 類型也很相像嗎？

　　雖然ISTP和ESFP有兩個字母不一樣，但他們在各

個方面上都有許多共通點。

　　這兩種類型都是感覺派的，討厭無聊，不受義務或責任拘束。另外，他們對同事很坦誠實在，不太會懷疑別人，有寬容大度的一面。

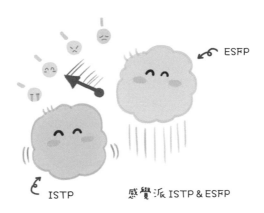

ESFP

ISTP　　　感覺派 ISTP & ESFP

　　只是 ESFP 是外向且以感情為中心的人，他們會將自己的一切貢獻給其他人，展現出情感上的奉獻精神；相反的，ISTP 對其他人的事情通常會顯得較為漫不經心。

展現此 MBTI 特質的書名
- 金智妍《獨自生活很有趣：寫給獨自生活的年輕人的共鳴隨筆》
- 吉姆・托斯《紐約的貓咪：採訪世界上最酷的貓咪們》[12]
- 肯恩・西格爾《Think Simple》

12. 此處以韓文譯名翻譯，此書原文書名為《Felines of New York: A Glimpse Into the Lives of New York's Feline Inhabitants》。

再多了解 ISTP 一點吧！

ISTP 的人際關係

- 在人際關係上只進行必要程度的關心與交流。
- 被夾在人際關係的矛盾之間時，會選擇中立，不會試圖調解令人頭痛的關係。
- 語言、文字都很簡潔。簡單且有效率，只說必要的話。
- 身旁人們對於情感的抱怨會讓他感到困擾。
- 以理性判斷，針對批判的部分也能好好地說出口，因此能提供實質性的幫助。認為只說毫無核心內容的讚美對對方沒有太大的幫助。

ISTP 的生活方式

- 是希望能最大限度節省能量的類型，喜歡睡覺，也喜歡宅在家裡。
- 雖然比起電話更偏好文字訊息，但若訊息來得太頻繁，也可能不讀就直接忽略。
- 時常會把月薪全部花光。雖然不會特意買昂貴的東西，但如果有需要的東西就會先買再說，因而會發生事後查看存摺時，說

著：「我明明沒花什麼錢啊，怎麼錢只剩這麼一點？」而陷入困惑的情況。

- 即使處於稍微髒亂的空間裡，也不會感到太不舒服。
- 相較於制定計畫，他們更注重當下。

ISTP 的戀愛觀

- 曖昧時若對方表現出對自己不太感興趣的樣子，就不會死纏爛打，會乾脆俐落地放棄。
- 當對方有什麼需要時，能夠加以察覺並貼心照料。問題是這只適用於喜歡的人身上，他們願意買些什麼給對方、為對方做些什麼、提供幫助，主要是靠自己的力量就能做到的事情都很願意做。對別人漠不關心的ISTP類型若是經常聯絡或幫助某人的話，那就代表他是真心喜歡對方的。
- 一旦認定對方「成了我的人」，就會做一些以前不會做的事情，像是說話時會換上溫柔的語氣、表現出平常不會有的反應、對方聯繫的話就會馬上回覆，就連沒使用過的貼圖也會精心挑選後使用。
- 雖然也喜歡和戀人見面，但認為個人獨處時間也是必要的。
- 對多角戀情或養備胎不感興趣。

ISTP 的交友關係

- 朋友不多,手機通訊錄的清單很簡潔,除了職場上必要的相關聯繫和家人外,朋友只有幾個。
- 較為獨立,若是有想做什麼,並不一定要和別人一起行動。有想吃的東西時,若和朋友的意見不同,可以不在意其他人的眼光,獨自去吃自己想吃的。
- 雖然平時看起來漫不經心,但可能在某天若無其事地丟出朋友平常一直想要的禮物,讓人突然感動到不行。
- 儘管是朋友,也不太會輕易分享自己的心情、煩惱或計畫。與其說是不信任朋友,更偏向是不想帶給朋友不必要的困擾,還有,他們也認為自己的煩惱應該要自己解決才行。
- 不會要求朋友按照自己的意思行事,尊重個別差異。但就如同他尊重朋友的私生活一樣,他們希望自己的私生活也能受到尊重。

ISTP 的好惡

- 對於真實的資訊感興趣,喜歡談論自己喜歡的領域,在這種情況下,長時間的對話是有可能發生的,但討厭加入除此之外的閒聊場合。
- 取得某項成就後,比起到處宣揚,更喜歡獨自享受心滿意足的感覺。不喜歡吹噓炫耀或裝腔作勢。

- 喜歡憑感覺活用電腦或電子設備等各種工具。舉例來說，就算是使用同一部相機來拍照，他們拍出來的照片會顯得更有感覺。

ISTP 的工作方式

- 運動神經、機械操作能力、比任何人都善於釐清因果關係的頭腦，這些都是與生俱來的。
- 選擇性社交。工作時會經常和交易往來的對象吃飯，也會開朗地打招呼、主動聯繫，但若不是因為工作而必須做的事情，對社交生活就不會有所留戀。
- 具有卓越的危機處理能力。處於危急情況時會顯得更為冷靜，隨機應變能力也會變得更強。據說他們在遇到危機時，腦袋就會冷卻下來。
- 事情開始進行後不會急於完成，而是傾向從容地放著觀察。
- 不論什麼事情，都有能夠找出最短路徑的驚人能力，不會在不必要的事情上耗費精力。
- 不需要工作的時候，會和床舖合為一體，一動也不動。因此也有人會說和這個類型相似的動物是熊貓或無尾熊。

ISTP 類型的煩惱是？

我都沒把我自己的煩惱說出口了，但朋友只要一見面就會傾訴自己擔心的事情，我常常會因為這些朋友覺得疲憊，是我為人太冷漠了嗎？

 小精靈瑪莉夢的建議是？

有你這種朋友的人真的很幸運，因為你有趣、歡樂、不會干涉別人、也不會過度執著，你真的是個非常理智的人。

你知道嗎？你是所有類型中最獨立自主的那一個。

或許正是因為如此，你不會刻意表露出內心的煩惱。你認為「分享悲傷並不會讓悲傷減半，而是會讓悲傷變成兩倍」，因此即使你遇到困難，你也不會和任何人談論你的煩惱，而是一個人背負著，這一點讓人感到有些心疼。

希望你能給其他人多一點分享你煩惱的機會。

另外，關於最重要的「同理」這件事，如果你覺

得很難產生共鳴，那就不需要硬是假裝有同感，甚至是上演陪對方一起哭的戲碼。你也知道，以自己原有的面貌生活，才是最自然又美麗的模樣。

如果是真心喜歡你的人，就算你不做到那種程度，他們也能看到你的優點，不會因為表面上的行為就對你感到失望的。

雖然你的內心藏有許多情感，但你無法將那些情緒好好地表達出來，所以我推薦的方法是「把自己的心情寫下來」，尤其想推薦你把自己一天中印象最深刻或開心的事情簡短寫下來，這是一個許多人實際嘗試過並從中受益良多的簡單方法，也就是「寫感恩日記」。

只要準備一本筆記本，然後寫下三行句子就可以了。寫下一天之中發生在你身上的那些值得感激的事情，如果實在想不出來，寫「感謝今天能吃到好吃的冰淇淋」也是可以的。

對了，你不是那種非要制定計畫的類型，相對的你更傾向於全心全意投入在當下，所以你也常常能獲得別人難以達到的驚人成果。我認為你像現在這樣自由自在地生活，盡全力活在當下的模樣也很帥氣，希望你不

要忘了自己那份專注力和投入度。

　　每當你全神貫注於某件事情時，看起來真的非常特別。

和 ISTP 類型變親近的方法

- 說你想要取得「理性的」建議,向他詢問意見。談話過後,說句「多虧了你,我的煩惱都消除了」,明顯表現出開心的樣子。
- ISTP 類型看起來有什麼煩惱時,不刻意詢問,陪在他身邊或一起吃好吃的東西,或者說句:「有什麼煩惱的事情嗎?吃這個打起精神來吧!」然後發送 ISTP 類型平常就喜歡的炸雞優惠券給他。
- 就算成為戀人了,也不要太過在意紀念日,即使不常聯繫也要放寬心,輕鬆以待。
- 有話想說時,盡可能不要流於情緒上的抒發,盡量準確地傳達事實。
- 極其尊重 ISTP 類型的私生活。

ISFP

～～～～ **如果人類是隻貓，ISFP** ～～～～

ISFP就像是「小熊維尼」，他們溫和、性格圓潤，躺在草地上打滾，只要有蜂蜜就很幸福。

表面上看起來悠然自得，感覺不管誰說什麼都能夠接受的樣子，但他們其實很敏感，也有自己的一套明確主見。如果要在動物之中選出與ISFP類型最相像的動物，十之八九都會選擇貓咪。這個類型乍看之下會覺得他們像是「小熊維尼」，但若長時間仔細觀察的話，會發現他們更像是性情溫順卻敏感的小貓咪。

貓咪是很難被囚禁在我們懷裡的，只要牠們願意，牠們隨時都可以跑到外面；就算是在家裡也會慢悠悠地四處晃蕩打轉，然後找一個滿意的場所進入夢鄉。ISFP

類型也是如此，他們不會按照規則過生活，關於現在需要什麼、誰在引起什麼紛爭，他們全部都知情，但他們還是會選擇在溫暖的陽光底下睡上一覺。他們是一群忠於當下的人，明天的事明天再想，明天該做的事情就明天再開始做。

要指使貓咪做牠討厭的事情是很困難的，要是強迫牠們做什麼事情的話，牠們或許就會躲在某處不出來了；相對的若是有喜歡的飼料，或是主人讓牠們感到滿意的話，那就會變得比誰都還愛撒嬌。如果想要看到這個類型親暱的模樣，就要先成為他們會喜歡的人才行，如此一來就能看到他們平時隱藏起來不常被看到的一面。

一般來說，ISTP平常是淡漠的，可是一旦變親近了，他們就會展現出非常溫暖的一面。而ENTP平常可能很喧鬧，一旦熟悉了，就會表現出非常真摯的面貌。那麼ISFP呢？這些人平常很溫順，一旦熟識，就會展現出活潑有趣的一面。

就如同小熊維尼沉浸於蜂蜜中、貓咪追逐著玩具蝴蝶一樣，這個類型常常會被自己喜歡的事情「俘虜」。因為他們的感知和領悟力比其他人來得更敏銳，所以他們能夠察覺和感受到更多事物，一旦「被俘虜」了，他們就會享受其中，並不斷重複那個行為，難以從

那個瞬間掙脫出來。若說 ISTP 類型善於操控身體或機械、擁有好手藝，那麼 ISFP 就是天生具備卓越感官能力的類型，他們在看、聽、感受上都能比別人來得更加敏銳，所以他們往往能夠成為藝術家或工匠。色彩魔術師林布蘭、能用皮膚感受音符的托斯卡尼尼、在失聰狀態下作曲的貝多芬、寫下的文句能喚起五官感受的海明威，都屬於 ISFP 類型。

#理解#尊重#個人主義#溫和#偏好_舒適的_氛圍 #大器晚成#從容不迫#瀟灑

總而言之，ISFP 表面上看起來是個溫暖感性且謙虛的人，內心則是很重視自己的世界和自由的個人主義者。

與其他類型相比的話，可以更清楚地了解 ISFP 類型的特點。

綜觀 ISFP 類型和 ISFJ 類型
只有 P 和 J 不同

乍看之下，這兩者都是溫順且溫暖的，但他們的內心卻存在著差異。ISFP 是很珍視自身感受的類型。

不過，比起在意自己，ISFJ反而會先關心別人的情緒，他們具有某種超我意識，生活中時常會感受到「應該要……」的責任感。當這兩種類型相遇時，ISFJ會一直干涉和勸誡ISFP類型。

ESFJ 類型和 ISFP 類型的關係如何呢？

若說 ISFP 是小貓咪，那 ESFJ 就是小狗狗。當小貓咪想要獨自休息時，小狗狗會一直跑到牠身邊汪汪叫，纏著牠一起玩耍，小貓咪會覺得小狗狗很麻煩而且很吵鬧。

出於相似的原因，ISFP 有時會覺得 ESFJ 很累人；相反的，ESFJ 無法放任 ISFP 不管，因為他們想要和對方一起玩耍。ESFJ 認為躲進自己空間裡的 ISFP 類型是衝動且無法預測的。

ISFP 類型和只有 T/F 不同的
ISTP 類型有什麼關係呢?

　　ISFP 可說是「較會關心他人的ISTP類型」。其實
ISFP 類型和 ISTP 類型非常相像,兩者都需要個人空
間,關注自身多於他人,不願意向他人透露自己的祕密
與內心感受這一點也很相似。

　　兩者之間的差異處在於,ISFP 類型在情感上描繪
了更加戲劇性的拋物線。如果這兩者感興趣的事有所重
疊,那麼這兩種類型將會成為要好的朋友。

ISFP 類型和 ENTP 類型的
個性真的是相反的嗎?

　　ISFP 類型較為感情用事,而 ENTP 類型則傾向於邏
輯思考,所以他們可能會因此發生衝突。當兩者之間
產生矛盾,最糟糕的情況是,ISFP 表面上還是輕聲細
語地說話,但心裡的炸彈已經爆炸了,而ENTP則是持
續對著輕聲說話的 ISFP 說出爆炸性言論,使得 ISFP 又
被激怒。

邏輯思考
ENTP

感情用事
ISFP

　　當然，平時的ENTP大部分都會覺得ISFP很可愛而且對他們很包容，而ISFP則會驚嘆於ENTP的活力和果斷，也可能因此追隨ENTP類型。

表面上看起來同樣敏感、富有同情心的
INFJ 類型和 ISFP 類型到底有什麼不同呢？

　　這兩種都屬於內向且不太表露自身情感的溫和風格，因此一定有非常合拍的部分，只是他們在基本需求上有著較大的差異，所以彼此很難成為心靈相通的朋友。

　　INFJ 類型偏好能有深度對話與交流，屬於對精神層面的探索意識較活躍的類型；但ISFP類型更沉浸於當下的喜悅，並沒有那麼渴望深入了解非現實的世界，所以他們兩者之間的對話內容極有可能無法讓INFJ感到滿意。

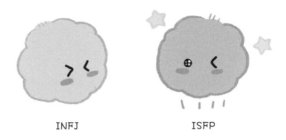

INFJ   ISFP

只是 ISFP 突如其來的舉動、出乎意料之外的模樣、藝術層面的感受力，都會讓 INFJ 覺得既感動又有趣；再加上 ISFP 是務實的，當 INFJ 在抽象觀念的世界裡徘徊、遊蕩太久導致暈眩不適時，ISFP 可以把 INFJ 從思想的深淵裡拉出來。

ISFP 類型和所有字母都相反的
ENTJ 類型又是如何呢？

ENTJ 類型會自己出面整理周遭環境、設立未來願景，甚至是制定詳細的計畫。與自信感隱約顯得不足的 ISFP 不同，ENTJ 渾身上下都被自戀所包圍。這兩種類型都喜歡被稱讚，但 ISFP 類型是因為可以提振自信所以喜歡受到讚揚，而 ENTJ 類型則是因為可以確認自己很厲害所以喜歡被稱讚。

藝術家 ISFP

監護人 ENTJ

當 ISFP 遇見 ENTJ 時，他們可以有系統地發展自己敏銳的感覺和藝術性，進而在社會上善加應用，再加上 ENTJ 是具有超群直覺力和想像力的類型，所以可以大幅度拓展 ISFP 的藝術性。

展現此 MBTI 特質的書名

● 崔恩榮《對我無害之人》
● 李容漢《白天午睡，晚上散步》
● 村上春樹《如此微小而確實的幸福》[13]

13. 此處以韓文書名翻譯，此書在臺灣出版書名為《尋找漩渦貓的方法》，原文書名為《うずまき貓のみつけかた》。

ISFP 的人際關係

- 喜歡和睦且舒適的關係，所以面對衝突時會感到很為難，但因為他們不是會直接把自己的感受表露出來的類型，所以即使處於衝突的情況下，也不會將心中的不滿說出來。這樣的情緒持續累積後，會在某個瞬間產生想要將對方從自己的人生中抹除的想法，但儘管是到了這種時候，他們還是會選擇用慢慢疏遠的方式。

- 被周遭的人評價為親切且溫暖的人，但也不會因為這樣就勉強自己持續接受周圍人的要求，也不是那種感到憤怒就設法報復的類型。

- 即使和吵架的對象和好了，可能的話還是會避免和對方見面，因為他們無法忍受與對方再次見面時的尷尬氛圍。

- 生氣時會變得沉默。因為他們不是會發洩怒火的類型，所以就算傷心了也不會跟對方追究，相對的會選擇不再跟對方說話。

ISFP 的生活方式

- 有中意的東西就會先買再說，經常發生時隔一個月之後因為衝動

購物而感到後悔的情況。假如有剛購買不到一個月的東西被刊登在二手交易網站上，那個也許就是ISFP類型的人也不一定。

● 不太會訂定計畫，就算訂了也會悠閒以對，是所有類型之中最悠哉的類型。

● 雖然心裡很清楚該做些什麼，但到實際付諸行動總會花費一點時間。

ISFP 的戀愛觀

● ISFP類型幾乎不會主動接近誰，不過要是有人努力向ISFP表達愛意的話，他們心裡還是挺高興的。門檻低，雖然不是很需要有人，但當有人主動接近時，他們還是會很開心。

● 喜歡發訊息勝過於打電話，就連跟戀人分手這種話也可能透過訊息告知對方。

● 在所有類型之中，這個類型晚婚或獨自生活的機率最高。他們是一個人也能過得十分幸福的類型，結婚或談戀愛時心裡會擔心自己的個人時間會被剝奪。

● 對喜歡的人是願意犧牲奉獻的。

● 戀愛初期屬於會快速回覆對方訊息的類型，當對方提出什麼要求時，就算覺得麻煩也會盡力滿足。但到了某個瞬間，隨著怠惰的心開始發作，所有事情的處理效率都會逐漸變緩慢，在發生衝突時也可能會消聲匿跡。

ISFP 的交友關係

- ISFP 類型之所以不將自己的不滿說給其他人聽，是因為他們覺得不開心的理由太過微不足道了。「真的有必要把這種事都說出來嗎？」心裡可能會有這種想法。

- 看起來好像對每個人都很好，但其實只是為了生存而發揮的社會化演技。對於真正喜歡的人（摯友）反而會比較輕鬆對待，有時甚至會輕鬆到有點隨意了。換句話說，讓 ISFP 類型表現和善、以禮相待的對象，可能就是還讓他們感到不自在的人。

- 如果是摯友，就算要通話幾小時也沒問題，但要成為可以達到這種親密程度的朋友並不容易，需要花費很長一段時間才能發展成這種關係。

ISFP 的好惡

- 與其說是敏感，不如說是細心。對於不開心的事情不會花太多時間去碎念，反而會自己去尋找那些能夠讓心情隨著時間慢慢變好的事情。

- ISFP 類型喜歡的事情絕對是自己一個人滾來滾去。躺在床上或沙發上聽音樂、玩遊戲、看電影，就這樣閒著無所事事，這些都是絕對不會讓他們感到無聊的事情。

- 喜歡可愛的角色、購物、美味的食物、飲酒作樂。

- 與其他類型相比，他們更容易感受到幸福，對成就沒有太大的渴望，樂於享受小確幸。有時候只要一杯溫暖的牛奶和一塊巧克力餅乾，就可以讓他們感到幸福。
- （內心裡）對於喜歡和討厭的人是很明確的。ISFP討厭的類型是目中無人的人、自私的人、會貶低別人的人、負面的人、卑鄙無恥的人。
- 如果用動物來比喻的話就是「貓」，他們會對主人撒嬌，房間角落由他們主宰，可以說是「角落的皇帝」。

ISFP 的工作方式

- 或許是所有類型中感受能力最出色的類型。ISTP擅長使用工具（熟知道具的運作方式），而ISFP則是感官能力很靈敏，他們能透過與眾不同的觀察能力和感知能力辨別微小的差異，有很大的機率是具有「絕對音感」或「絕對色感」的人。
- 「討論」對他們來說是困難的事情。他們覺得分享有深度或真摯的想法這件事本身就很令人感到負擔，比起語言，更喜歡透過行動或感覺來表達。
- 對命令式的語句感到牴觸。因為他們自己也不是會控制別人的類型，所以若被迫做這做那時會覺得很有壓力；不過若是在工作上接收到上司的命令，他們還是會善加執行。

ISFP 類型的煩惱是？

我很不擅長對別人說「NO」。朋友取消約會時，我心裡反而會有點高興。要怎麼做才能在不讓別人傷心的情況下，又能按照我自己的想法過生活呢？

 小精靈瑪莉夢的建議是？

　　你似乎是個安靜的「求關注的人」，雖然不是會主動站出來的類型，但要是有機會成為受矚目的對象或站在舞臺上，受到稱讚或注目時都會讓你的心裡開滿了花。儘管你並不渴望關注，但也不會討厭受到矚目，也經常會在舞臺上發光發熱。

　　雖然你待在家時很難聯絡上，接到電話時也的確會覺得很麻煩，但一旦真的出門和朋友玩了，似乎也算是能夠玩得很開心的類型，畢竟你應該不是那種會皺著眉頭待在角落的人吧？話是這麼說，這也不代表你希望朋友經常來找你出去玩，只是意味著你在玩時也能玩得很開心而已。

你看似懶惰，但其實是個為了以自己的方式過著有系統的生活而努力的人。雖然是情感型（F），但也具有良好的現實分析能力，對於現實是有所自覺的。當然有時也會發生買了自我成長的書回來放著卻連翻也沒翻過的情況，也可能在開始準備公務員考試後突然感到厭倦，但至少你會付諸行動，而不是只有空想，就這點我還是想稱讚你的。

　　越是了解你，就會發現你和外表真的有很大的不同，隨著認識越深，會發現你是個像洋蔥一樣充滿隱藏魅力的人。我希望你能盡情享受你最珍惜的自由，做你想做的事情，過上自己想要的生活。就如同貓咪一樣，悠哉地休息，享受屬於自己的生活，這樣的模樣是很有魅力的。

　　你的包容力比別人高，發火的燃點比別人低，是屬於不太會生氣的類型。你總會一而再再而三地忍耐，直到最後才和對方絕交，感覺你偶爾也應該先照顧自己的心情，有想說的話時就把內心想法都表達出來。

　　所有決定的重點都是你自己，只要一直記著這一點就好了。不管是拒絕對方、好幾個人聚在一起時你想

去的地方、你想做的事情、你想吃的東西，坦率地把這些說出來絕對不是什麼無禮的事情。

　　當你成為前輩或主管時，試著明確劃分業務，把要交給後輩的工作鄭重地交辦出去。透過這種形式要求別人做些什麼可能會讓你覺得很尷尬又為難，有時候甚至還會覺得不如自己來做就好，但就算是這樣，還是希望你能一次一次慢慢地去嘗試。走著走著和人相撞了，就算自己的額頭正流著血，你還是會先關心對方不是嗎？雖然這是好的一面，但還是會有點心疼你。

　　就如同你會擔心別人很辛苦一樣，希望你也能同等地照顧自己，因為這個世界上最愛你、最應該照顧你的人正是你自己，要是你能成為你自己最要好的朋友，那就太棒了。

和 ISFP 類型變親近的方法

- 若是對 ISFP 類型有興趣的話，就要自然且持續不斷地表現出喜歡的心意。
- 不要在 ISFP 類型面前講其他人的壞話。
- 不要打擾 ISFP 類型較長的午睡時間。
- 聯絡後就算沒有立即收到回覆，也要抱持著耐心等候。
- 他們是會退讓的類型，所以在決定事情的時候，不要直接忽略 ISFP，一定要詢問他們的意見。
- 在約 ISFP 見面時，盡可能提出最不麻煩的條件，例如說要到他家附近去之類的，如果能提出方便休息又能同時享樂的行程那就更好了。就算被拒絕了也要說句沒關係，關鍵在於不要讓 ISFP 的心裡感到負擔。

ESTP

~~~~~~~~ 人生是部動作片，ESTP ~~~~~~~~

    ESTP 類型的人生在許多方面都像是一部「刺激的」動作片。這並不是說他們過著像動作片一樣被捲入事件、爆炸、被誰追趕的人生，而是意味著他們的生活如同動作片一樣沒有時間思考，場景以極快的速度流動，主角會奮不顧身地投入其中，在事件裡四處碰撞，生活裡充滿了「動作片的元素」。

    ESTP 是身體會最先開始動作的類型，他們不會猶豫或苦惱，為人爽朗、有趣、輕鬆、愛開玩笑。他們可能有些頑皮，有著惡作劇的一面，最明顯的特質是行動優先於思考，抱持著「與其煩惱，不如先行動」的信念。

在《伊索寓言》裡的「龜兔賽跑」中，腳程快的兔子就像是ESTP類型，電影《神鬼交鋒》裡李奧納多敏捷的面貌也會讓人聯想到ESTP類型。ESTP不僅只是一個有趣的人，他們同時也是非常有才能的人，一旦ESTP下定決心並開始奔跑了，就沒有人能夠阻擋他們。

近來最知名的ESTP就是曾任職美國總統的唐納．川普，如果我們往前看，可以發現還有其他不少ESTP類型的總統。富蘭克林．羅斯福在大蕭條時期藉由實施新政（The New Deal）克服了國家的破產危機；約翰．甘迺迪是美國最受歡迎的總統之一，他沒有架子又平易近人的形象十分有魅力。據說美國傑出的總統大部分都屬於ESTP類型。

#有氣勢的_大姊#有氣勢的_大哥#調皮搗蛋
#超有趣#脫口秀#做自己#COOL#No_嚴肅#田禹治
#急性子#最後的_生存者#飄忽不定的_飛蛾#好人

總而言之，ESTP類型從外表看起來是個搞笑的人，內心則是個「實用主義者」，又或者也可以說是「功利主義者」。

籃球漫畫《灌籃高手》的主角「櫻木花道」無比單純，甚至樂天到看起來有點像傻瓜的程度，他就是

ESTP 類型的人。而《長襪皮皮》[14]裡的女主角「皮皮」究竟應該被視為 ESTP 還是 ENFP 類型，雖然還存在著許多爭議，但至少她有主見、理直氣壯、富行動力、具有清晰的判斷力這些特質和 ESTP 類型還是很相似的。樂天、隨和、寬容大度的一面都是這個類型的特徵，但 ESTP 可不僅止於此，他們就像動作片的主角一樣，身體裡總有「想做些什麼」的熱情和渴望在沸騰著，因此 ESTP 一旦想要做些什麼就會毫不猶豫地去做，歸根結底就是個會把一切都掌握在手心的人。

長襪皮皮 ESTP

有如動作片主角的 ESTP

與其他類型相比的話，可以更清楚地了解 ESTP 類型的特點。

ESTP 類型和 INTP 類型
有什麼差異呢？

INTP 類型是個房間角落的哲學家，只要是為了做

自己喜歡的事情，他們可以足不出戶，全心全意地投入研究，因為如果真的有一件非常想做的事情，而且那件事情又十分有趣，他們就不會覺得有必要外出或與其他人見面。相反的，ESTP類型則是個非常好動的人，要讓他們整天蜷縮在家裡只看書是很困難的。

另外，INTP著迷於許多過度複雜、多變又理想化的想法，這些想法通常難以付諸實踐，在ESTP的眼中可能會覺得INTP是在抱著「對生活毫無幫助的死知識」不斷深入挖掘，那副模樣就他們而言是狼狽且愚蠢的。

如果ESTP投入了某種知識研究，或是參加了藝術性質的活動，也不會是因為他們受藝術或知識本身所吸引，而是因為他們判斷那個知識和活動經驗可能可以在未來帶來某種實質性的幫助。

讓我們透過觀察 ESTP 類型和其他類型的戀愛風格來了解 ESTP 的特性吧

首先，ENFJ是甜蜜戀愛的代名詞，若拿ENFJ和ESTP相比的話，會發現ENFJ是所有類型之中最浪漫且

---

14. 瑞典知名的系列童話故事，描述既怪異又有趣、不受拘束的小女孩「長襪皮皮」的冒險故事。

細心的戀人。不管戀人說了再怎麼無用的廢話，他們都會用雙手托著下巴，全神貫注地傾聽對方說的話，他們的眼中會散發出溫柔又暖和的愛意，「同感、鼓勵、稱讚」是他們會經常配備在身上的「三件套組」。

相反的，對於ESTP類型來說，只要「那個瞬間」是有趣的，那就是好的戀愛。比起分享感受上的共鳴，他們更喜歡一起去參與可以享受當下那個瞬間的活動。

接著，ESFJ是所有類型之中最會照顧其他人的類型，他們會在與戀人一起吃完炸雞後，一邊嘮叨著一邊把對方的手拉過來擦乾淨；而ESTP類型雖然具備出色的觀察力，但不一定會覺得自己有必要去照料其他人，反而還可能因為別人的干涉而感到不舒服。

最後，INFJ是會尋找靈魂伴侶的真摯類型，但這種沉重又高度密集的關係會讓ESTP感到不自在，可能連空氣本身都會讓他們覺得是壓抑沉悶的。

非常內向且不輕易敞開心扉的人會讓ESTP類型感到彆扭，因為ESTP總是會坦率地說出自己心中的想法，他們喜歡在人前談論事情，而且會將幽默感參雜進各式各樣的話題裡，有時候甚至會到過於誇張的程度。由於ESTP類型將所有神經都集中在「行動」上，因此當他們主動聯繫某人並花時間與對方相處時，這件事本身就是一種展露愛意的表現。

需要探索內在、安定 INFJ

更需要外在世界的趣事 ESTP

　　前面舉了ENFJ類型的例子，ENFJ對戀愛的態度是真摯的，也善於透過言語將自己的感情表現出來，事實上他們也算是最擅長說甜言蜜語的類型。而ESTP類型則較缺乏各種在情感上、感知上的表現，難以向他人表達愛意，這也跟他們打從一開始在「表達」這件事本身就屬於簡單且直接的類型有關，表現出甜蜜的樣子可能會讓他們產生過敏反應。

　　此外，不管是認真的關係還是輕鬆的關係，ESTP類型都可以將之視為戀愛的一種，ENFJ或INFJ則無法接受輕鬆的關係，但對於ESTP來說，只要是投入時間、金錢、努力的關係，全部都可以是戀愛關係。

展現此MBTI特質的書名

- 李鍾澤《電影般的生活，生存主義者：男子漢的浪漫，開拓無人島，享受冒險》
- 有朝氣的李課長《善與惡，應該會選搞笑的那一方吧？》
- 彼得（的）pen《這糟糕的公司，不是只有我覺得無趣吧？》

再多了解 ESTP 一點吧！

ESTP 的人際關係

● 可以輕易和第一次見面的人變親近，但要發展成深厚的關係並不容易。

●「請喝酒的話就是好人」、「有趣的話就是好人」。

● 雖然見面時玩得很開心，可是一旦斷了聯繫，也很容易隨之遺忘。

● 具有讓周圍的人笑成一片的才能。

● 就算發生了讓他們生氣的事情，也會很快就忘記。

● 如果聽到別人說他們很無趣，會感到十分喪氣，自尊心也會受挫。

● 算是喜歡讚美的類型。

ESTP 的生活方式

● 會打扮。在外表方面，自我管理能力出色，也有著不錯的時尚感。

● 沒有約會的日子會覺得很無聊。

● 對 ESTP 類型來說不可能的事情：

―連續三天吃同樣的菜單。

―在休假期間以每小時為單位安排計畫。

―閉上嘴巴整天不說話（默言修行）。

―聊天時的話題完全不提到自己。

ESTP 的戀愛觀

● 喜歡的話會透過行動表現，而不是用嘴巴說。

● 如果有了喜歡的人，有時候會變得不像這個類型的人，因為太
  害羞所以也不太會透過言語表達，只會買食物或禮物送對方。

● 墜入愛河後，會積極地同理對方所說的話、持續保持聯繫，努
  力做一些平時不會做的事情。

● 可以在三天內墜入愛河，分手後也可以在三天內忘記。

● 會熱情地對他愛的人好，不吝惜付出金錢、精力和時間，但也
  會發生親近到一定程度後，愛情突然降溫的情況（感情狀態一
  直保持同等張力的情況並不常見）。

● 可以和已經有伴侶的人談戀愛，一次同時和兩個人交往實際上
  也是可能發生的。

ESTP 的交友關係

● 朋友是一起愉快玩樂的關係。

- 想念朋友時，相較於用訊息對話，更喜歡直接見面。
- 對於女性 ESTP 來說，和男性朋友相處通常會比同性更自在，這是因為她們並不習慣女生之間甜甜蜜蜜的親暱關係。
- 對 ESTP 類型來說談心事幾乎等同於情感勞動，所以這對他們而言是件很累人的事情，他們可以盡量努力傾聽並假裝有同感，但很難集中精神在這件事上。
- 面對真正的好朋友時，即使勉強發揮了同理能力也很容易露餡，所以面對好友時會選擇輕鬆以待。被詢問意見時，比起表現出同感，他們更傾向於給予實質建議，而當有人需要冷靜且有實質性的建議時，通常也會尋求 ESTP 類型的幫助。

ESTP 的好惡

- 喜歡流行、看起來厲害的東西、美食店家、運動、旅行、喜歡他本人的人。
- 也喜歡驚喜禮物。
- 喜歡肢體接觸。
- 喜歡無法預料的一天或與眾不同的場所。
- 討厭單戀、柏拉圖式的戀愛。
- 認為按照計畫生活的人生是無趣的。
- 對浪漫過敏。
- 很容易膩。

ESTP 的工作方式

- 會一而再再而三地拖延，但就算如此也不會感受到太多壓力。拖到不能再拖時才會開始動工，結果卻都意外地不錯（就是因為清楚這點，所以才會總是又拖延）。
- 能以從容不迫又強大的心理素質妥善解決危機情況。
- 記憶力、觀察力特別出色。
- 在做生意或經營企業方面具備卓越的才能。
- 擅長協商（據說「戴爾・卡內基」也是ESTP類型，他著有與協商相關且令人驚嘆的人際關係論述）。
- 在生存遊戲中具有高度的生存能力。由於競爭意識強烈，所以和別人競賽時會顯得更強。

ESTP 類型的煩惱是？

雖然和朋友的關係很好，也覺得人生是愉快且有趣的，但獨自一人在家時還是會覺得很孤單，為什麼會這樣呢？

 小精靈瑪莉夢的建議是？

平常都把心力投注在外在享樂上的話，與內在相處的時間就會顯得不足。你似乎對於模糊不清或眼睛看不到的世界不太感興趣，取而代之的是充滿了陽光的世界，就如同熱帶度假勝地一樣，充滿了愉快、歡樂、令人感到津津有味的飲食和活動。

你整個人充斥著豐富的經驗及有趣的口才，與這樣的你共度時光肯定會非常愉快。很會打扮自己、對流行的敏銳度高，這一面看起來也十分帥氣。

但是當這些優點太過強烈時，也可能會變成缺點。接下來我會提幾點希望你能改變的地方。

最首要的就是節制力。畢竟這個世界上有太多可以享受的事物，而你又是那種在各項眾多選擇中都能極

盡享受的類型。

　　再來，希望你能多多思考物質層面的快樂背後所能帶來的幸福，當你想得通透了，你在物質層面的濫用情況就會減少了。

　　最後，小心你的三分鐘熱度。

　　若是能夠多加注意以上三點的話，你的人生就能成為一個有炙熱陽光和涼爽陰影共存的天堂。

　　你是個享受現在的人，同時也是個忠於當下的人。實際上，這不正是人生的核心所在嗎？

　　要用最幸福、最充實的方式度過此時此刻，因為此時此刻匯聚起來，就會成為你整個人生。

　　為了能夠從未來的視角回顧現在，希望你能試試看這麼做：寫下「我的墓誌銘」。

　　「我的人生是什麼？我應該要怎麼生活？」不需要像這樣想得那麼複雜，只要簡單地直接去做就好了。在你死去之後，你的墓誌銘上會留下什麼呢？又或者，墓誌銘上寫著什麼會讓你感到開心呢？

　　舉例來說，「帶給別人歡笑後離開的人」、「成功的企業家兼世界最英俊的美男子」等等，像這樣寫下

你心中所想的就行了。

　　當你簡短地寫下理由，你就可以藉此思考一下，對於你的人生，你真正想要的是什麼？

　　雖然只是一個簡單的動作，但卻能夠收穫良多，所以一定要試一次看看。

和 ESTP 類型變親近的方法

- 一起去 ESTP 喜歡的餐廳或咖啡廳吃東西、聊天，如果能輕鬆笑一笑就更好了。
- 不要在和 ESTP 聊困難且抽象的話題時還一直問他們內心的想法。
- 突然聯絡他們，說：「今天和我一起開心地去玩吧！」然後邀請他們去一個從未去過的熱門地點。
- 稱讚 ESTP 的時尚感，邀請他們一起逛街幫忙挑東西。
- 生氣的話就坦率地說出口，有什麼要求的話就試著提出看看，隱瞞或假裝會讓 ESTP 類型覺得更累。
- 戀愛時絕對不能限制他們，要放寬心胸並表現出從容不迫的樣子。

ESFP

~~~~~~~ 興奮的海豚，ESFP ~~~~~~~

在動物園逛一圈，會遇到特別愛撒嬌、可愛的朋友，那就是「海豚」。可以輕易地靠近人類，也很愛惡作劇，甚至還可能跟飼育員陷入愛河。這個情感豐沛的動物嘴角總是掛著微笑，雖然自己也能玩得很開心，但一群一起玩的話就更歡快了。看著游來游去的海豚，會覺得這個世界的煩惱和擔憂似乎全都一掃而空。

活躍裡帶著悠然自得，從容並散發出腦內啡，彷彿是在大喊著：「玩樂最棒了！」如果要把這個動物歸類進MBTI類型裡的話，牠會是哪一種類型呢？

正是ESFP。它是所有類型之中最積極、樂觀且能量最充沛的一種。還有一些與ESFP類型相像的角色，

像是光鮮亮麗又時尚的孔雀、善良地跟著人類到處跑的小狗狗、愛笑的黃色「海綿寶寶」。

雖然可能有人會問：「人怎麼可能每天都保持愉快和高能量呢？」但對於 ESFP 來說，開朗的能量是源源不絕的，周圍的人在與 ESFP 類型見面時，也會期待那種令人開心的能量。只是 ESFP 除了表面上表現出來的開朗形象，還存在著內心的渴望，這個渴望就是「想要向人們展示出帥氣好看的模樣」。另外他們對於變化的需求也很大，ESFP 類型對流行很敏感，心中會一直想要持續展現出更時尚好看的模樣給別人看。

#能量#好人#平易近人#好看的人#可愛的小狗狗#明星#積極#感情_豐沛#耳根子軟#邀約_各種活動#愛管閒事

總而言之，ESFP 外表看起來是個開心的「可愛小狗狗」，內心則是個向周遭散發迷人魅力的華麗孔雀。

與其他類型相比，可以更清楚地了解ESFP的特點。

I 和 E 不同的 ISFP 類型與 ESFP 類型
有什麼不同呢？

這兩種類型都單純、情感豐富、極其希望能享受

人生。ISFP類型喜歡享受小確幸，獨自一人在家沉浸在幸福感中；而ESFP類型則會到外面從事有活力的運動或體驗，大聲呼喊「YOLO」。

小確幸 ISFP

YOLO ESFP

　　若說ISFP類型是隻待在陽光灑落的陽臺上的貓，那麼ESFP類型就是淘氣又好動的海豚了。

　　這兩種類型若是朋友，ISFP的「怕麻煩」基因可能多一些，而ESFP看起來則是更積極主動、急性子一點。

　　兩個類型的缺點也不同，ISFP不太能夠直截了當地拒絕他人，容易被情分綁手綁腳；ESFP則會追求刺激和冒險，隨興行動，因此難以做出深思熟慮的選擇或決定。

ESFP 類型和 ESTP 類型
有什麼差異呢？

　　這兩種類型都是外向的，而且想法偏向及時行樂多一點，從事些吃、喝、玩、樂的活動是讓他們最幸福

的事情。為了享受「此時此刻」的快樂，他們會將對未來的擔憂先拋諸腦後。

　　他們覺得嚴肅的談話是在過度虐待大腦，認為與其在心裡想像，不如透過直接體驗的方式去理解這個世界。相較於深思熟慮後再行動，他們更傾向於隨心所欲地去做想做的事情。

ESTP　　　　&　　　　ESFP

及時行樂，此時此刻的幸福最重要！

　　ESFP 是情感比任何人都還充沛的類型，常常不加以考慮就毫無保留地付出；而 ESTP 與其他類型相較之下就沒有那麼顧念情分，他們不會隨意介入別人的事務，會堅守中立的態度。若說 ESFP 是「好管閒事的人」，那麼 ESTP 就是連骨子裡都冷酷的「個人主義者」。

ESFP 和 ENFP 類型
有什麼點相像，又有什麼點不同呢？

　　這兩個類型都開朗、變化無常且善於社交。

但若相處久了，可能會因為對談話中的期待有所不同，導致內心的距離漸行漸遠。ENFP會冷靜地聆聽他人的煩惱、展現同理心，經常會表現出充當諮商師的一面，而他們也能透過分享內心深處的話題來獲得療癒；與此相反，ESFP在對話時雖然總會回以爽朗的反應，但無法像ENFP類型一樣進行真摯的對話。當兩者之間實感（S）與直覺（N）的差異越明顯，彼此所期望的結果可能就會產生分歧。

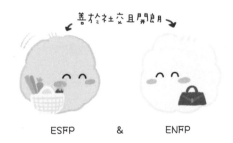

善於社交且開朗

ESFP　　　&　　　ENFP

尤其是在對話方式上，如果主要話題變成分享日常、閒聊、發牢騷的話，ENFP就更難以集中注意力在對話上了，而ESFP往往也很難理解這樣的ENFP類型。

那麼 ESFP 類型和 ESFJ 類型
有哪些地方不一樣呢？

ESFP的優點在於「天真爛漫地享受世界」，而

ESFJ的優點則在於「有如保護者一樣溫暖地照顧他人」。乍看之下，會覺得這兩種類型看起來都一樣親切和開朗，但越隨著時間推移，他們就越會展現出截然不同的特點。如果這兩個類型交往的話，一開始會因為他們都善於社交、聊天話題都很契合而能愉快地相處，但萬一他們開始將對方的主要特點定位成負面特質，那麼兩人之間的關係可能就會持續惡化。

天真爛漫
ESFP

有如保護者
ESFJ

從ESFJ的角度來看，渴望自由的ESFP可能會顯得過於隨心所欲且不可靠；而從ESFP的角度來看，可能會覺得喜歡規則和整理的ESFJ是個愛碎碎念的人。如果ESFJ可以讓ESFP變得不那麼無聊，而ESFP可以更常讚美和感謝ESFJ的話，對於改善關係將會有所幫助。

看起來和 ESFP 類型相像的 ENFJ 類型
這兩個類型的差異是什麼呢？

這兩種類型都能和各種領域中的朋友相處融洽，他

們都不是計較的人，同時也都富有同情心，只是 ESFP 類型的基本需求是「享受生活」這種感受方面的愉悅。

ESFP   ENFJ

與之相反， ENFJ 類型的基本需求是自我實現，有時甚至會花費時間和精力追求沒有實際意義的心靈層面根本道義，這對於務實的 ESFP 來說是根本不可能發生的事情。再加上 ESFP 又是把「享受愉快的人生」這種事當目標的人，所以若是他們被困住或是受到壓抑時，就會變得抑鬱寡歡。

相較之下，因為 ENFJ 類型將人生意義放在人際關係上，所以當他們覺得自己受到別人的責難或背叛時，他們就會變得悶悶不樂。

所有字母都相反的
ESFP 類型和 INTJ 類型有什麼不同呢？

INTJ 是謹慎思考型的人，而 ESFP 則屬於活在當下

型。當INTJ還在翻閱食譜構想菜單時，ESFP可能已經直接在做菜了。如果隔天有作業要交，INTJ可能已經在前一天晚上整理好包包然後進入夢鄉了，而ESFP則是直到這時才會想起「作業是什麼來著？」然後開始慌亂地翻找筆記。

活在當下 ESFP

謹慎思考 INTJ

展現此MBTI特質的書名 ——————

- 江國香織《快樂地生活吧，不要煩惱》[15]
- 克里斯・史都華《安達盧西亞的樂天主義者》[16]
- 咪蒙《在狗屁倒灶的世界裡保持快樂的方法》[17]

---

15. 此處以韓文書名翻譯，此書在臺灣出版書名為《別煩憂，開心就好》，原文書名為《思いわずらうことなく愉しく生きよ》。

16. 此處以韓文書名翻譯，此書在臺灣出版書名為《吉他・羊奶・天堂》，原文書名為《Driving Over Lemons》。

17. 此處以韓文書名翻譯，此書在臺灣出版書名為《我喜歡這個功利的世界》，原文書名為《IF YOU WANT IT, WORK FOR IT》。

再多了解 ESFP 一點吧！

ESFP 的人際關係

- 是所有 MBTI 類型之中最大方的，可以毫不吝嗇地將自己的東西分享給他人。
- 人際關係淡薄但廣泛，在各個不同領域中所認識的人可能多達一千人，無論年齡或職業，他們都能很輕易地交到朋友。
- 在關係中屬於主導的一方，而且話較多，顯得較為強勢，但內心其實比想像的還脆弱。
- 不管到哪裡都是不可或缺的螺絲釘，無論是要擔任司儀或主持活動都很得心應手。
- 不需要特別磨練為人處世的技巧也能在人際關係上應對自如，但也不是那種動用腦子或使用策略的類型。
- 內向的人與 ESFP 類型相處時會覺得很有趣，但也可能體會到「被掏空」的感覺。
- 直覺型（N）的人與 ESFP 類型相處時，可能會覺得 ESFP 不夠認真。

ESFP 的生活方式

- 比起坐在房間或辦公室裡，更喜歡揪團到外面運動。
- 有冒失的一面，常常會丟三落四或忘了帶什麼東西。
- 即使制定了偉大的計畫，恐怕也會淪於三天捕魚兩天曬網的境地。
- 對於流行的物件或議題非常感興趣。
- 雖然只會買必要的東西，但買東西時不會經過深思熟慮。比起儲蓄，更傾向於先購買想買的東西。
- 不會故作高尚或假裝自己很聰明，會坦率地展示真實的自己。

ESFP 的戀愛觀

- 喜歡會細心觀察自己，並在ESFP需要時懂得察言觀色、照料他們的人。
- 比起發揮想像力，更傾向於專注地透過感官去感受眼前的人。
- 既然都要約會了，比較喜歡到戶外體驗些什麼的約會行程。
- 喜歡的話就會一直開朗地勇往直前。
- 喜歡上了就無法裝作不喜歡的樣子，很快就會露出馬腳的。
- 婚後也是個變化多端且機靈風趣的人，可以創造出一個明朗又歡快的家庭。
- 雖然不是所有的 ESFP 類型都很容易墜入愛河，但他們確實可

能會因為衝動而陷入情海，對誘惑的抵抗力也很弱。

- 即使愛著對方也不希望受到束縛，像是一直追問何時要定下見面行程，或總是對各種事情抱怨連連。一旦戀人表現出負面的模樣時，ESFP類型就會想要迴避對方。

ESFP 的交友關係

- 如果早上就和朋友約好了會覺得很高興。總是有約好的行程。
- 喜歡有很多人一起的歡樂場合，像是和愉快又有趣的人一起喝酒、參加派對、跳舞等等。
- 對話內容常常是八卦、時下流行、購物、戀愛等日常的話題。
- 因為有著不會權衡利弊的單純個性，一旦成為了親近的朋友，就能夠維持長久的友誼。
- 談話時能對對方的話回以良好的反應，也能隨著思緒的脈絡跳躍在各式各樣的主題之間進行談論。
- 對朋友有感到不開心的事情時，會直接說開。
- 很容易交到新朋友。

ESFP 的好惡

- 不會擔心太久的類型。就算發生了不好的事情也不會太過擔心，心裡認為事情總會好起來的。

- 討厭規則。
- 把握當下，及時行樂！
- 是所有類型之中最害怕疾病、離別、孤獨等人生負面元素的類型，對於陰暗或不安的想法這些事本身有些微迴避或拒絕面對的傾向。
- 心情會立即透過行動表現出來。開心的話就會很明顯，有時也會受他人的心情所左右。

ESFP 的工作方式

- 試圖對工作也樂在其中。
- 不是會縝密安排或計畫事情先後順序的類型，而是會根據情況隨機應變地處理工作，但即便是如此，由於他們的應變能力十分出色，所以總能不露聲色地把事情做好。
- 喜歡聚餐或工作坊。
- 在公司裡也是個氣氛擔當。
- 若是從事藝術方面的工作，相較於純粹的藝術，反而對技術性的藝術（商業藝術）更感興趣。
- 在需要細心以對且重複性質高的工作上經常會出錯。

ESFP 類型的煩惱是？

常聽到人家說我做事爽快，和我在一起很開心很有趣。我也不喜歡沒有起伏的人生，但像這樣隨心所欲地生活真的沒關係嗎？

 小精靈瑪莉夢的建議是？

　　你是個非常積極正向的人，就像太陽一樣閃閃發光，所以在你們這種類型之中有很多藝人和明星。你也很懂得根據自己的形象打扮自己，更是樂於與人相處。

　　所以這也有令人擔心的地方。別人總是會覺得你很開朗，說這樣看起來很好，但人真的有辦法一直維持開朗的一面嗎？這是不可能的啊。

　　你並不是沒有感到辛苦或悲傷的事情，實際上或許是你自己想要這麼相信著，但因為你也不喜歡嚴肅地分析事情，所以一旦遇上了困難的情況，你會一邊苦惱，但同時又想要把這個狀況從你的思緒中排除掉。

　　但你要知道，逃避不想看到或不想承認的事情，並不會讓那件事就此消失。希望你在看到自己明朗的一

面時，也能付出同等的努力去探究你內心的陰影，只有這樣，當真正困難的事發生時，你才能相信自己並靠著自己的力量站起來。

　　我想要介紹一種簡單的方法，這個方法可以小心翼翼地探究你的內心、洞察你的痛苦，有空的時候可以試試看嗎？

　　首先，準備紙張和色鉛筆，畫出你的輪廓，只要畫出臉和身體的線條就好了。然後拿出紅色的色鉛筆，在你平常覺得不舒服的部位塗上紅色，越不舒服的地方就塗得越重，只要在大範圍塗上顏色就行了。都標記好之後，用左手拿著筆，在紙上寫下問題和答案。在這邊使用左手是為了讓你使用平常沒在用的手，讓你有時間可以慢慢思考和書寫。

　　問題可以是這樣的：你在哪些部位塗了顏色？有多不舒服、怎麼個不舒服法？你覺得為什麼會不舒服呢？你想對那個部位說些什麼安慰的話？類似這樣的對話內容。接著同樣地，用左手寫下答案就行了，也許會有你未曾發覺的答案坦率地從內心湧出，你也會因此大吃一驚的。

下一個想要推薦給你的活動是「制定願望清單」，試著把你在死之前一定要做的事情條列下來吧，只要是你真正想做的事情，就算是再怎麼奇怪的願望也沒關係。當然你還是得寫下現實中可能達成的事情才可以，像是想要瞬間移動、想要擁有超能力這種現代科學不可能實現的事情就不行。

　　在清單上寫下五個精挑細選的願望後，貼上你的照片，然後放進相框中，只要把它放在你的房間裡，有事沒事看個一眼就好了，這會讓你的心情變好。現實固然很重要，但是充滿期待地看著你在未來想要做的事情也是很不錯的。

　　當你讀了你的願望後，反倒會讓你明白你所害怕的事情是什麼。

和 ESFP 類型變親近的方法

- 和朋友有聚會時，發訊息說：「我現在要去一個氣氛很好、有很多下酒菜和酒的地方，要一起來嗎？」邀請他一起參加，記得一定要再加上「有你在才好玩」這句話。
- 和 ESFP 類型見面時，帶著親手做的餅乾或 ESFP 喜歡的簡單零食前往，「想到你之前很喜歡，所以就試著做做看了。」說得像是順便做的一樣，遞給他讓他嚐嚐味道。
- 稱讚 ESFP 類型對時尚的品味或美感。
- 邀請他參加戶外音樂祭或節慶活動，扭動肩膀一起觀看表演、開心地跳舞、互相分食美味的便當、觀賞夜晚的煙火大會、分享各式各樣的回憶話題。要分開的時候，跟對方說：「還有很多事情沒聊到好可惜，之後一定要再約。」約好下次再見面。一起去看足球或棒球等運動比賽也是不錯的選擇。

INFJ

INFP

NF

我是「花與小王子」

ENFJ

ENFP

NF 氣質的特點

直覺型（N）＋情感型（F）

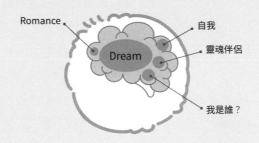

在撒哈拉沙漠的中央，小王子遇見了一名失事的飛行員，當他看到飛行員所畫的「帽子」時，馬上就認出了那是一隻吞了大象的蟒蛇。小王子在與飛行員一起穿越沙漠時說道：「沙漠之所以美麗，是因為沙漠的某處隱藏了泉水；而星星之所以美麗，是因為有一朵看不見的花。」

後來他又偶然邂逅了一隻狐狸，他們透過互相馴服而成為了朋友，就如同小王子曾經在自己的行星上，與滿是尖刺的玫瑰成為唯一的朋友一樣。在聖修伯里的

小說《小王子》裡登場的角色們慢慢地互相了解、變得更加親密，無論是小王子、自私的玫瑰、狐狸，甚至是飛行員，都是如此。NF氣質比其他任何類型都還要注重人際關係。

MBTI的十六種類型可以被區分為四種不同的氣質（SJ、SP、NF、NT），每種氣質包含了四種類型，其中的INFJ、INFP、ENFJ、ENFP通常會被稱為NF氣質，因為這四種類型都包含了N和F在裡面。

NF氣質會執著於什麼呢？他們希望自己能夠成為他人的力量，因為直覺（N）和情感（F）較為活躍，所以能讀懂別人的心意。與其他人相較之下，他們也更能藉由本能，從肢體動作、表情、氛圍、語調中感受到的細節察覺對方的真實心意。

一般人常常會透過他人的話語、行為，或者是那個人的社會地位和聲譽來評價對方，但NF氣質卻不同，就像小王子會在乎「朋友在做什麼、喜歡什麼」一樣，NF想知道的也不是「對方有什麼」，而是「對方是怎樣的人」。

此外，NF氣質會想很多。他們會苦惱別人完全不會苦惱的事情。自己為什麼會誕生在這個世界上？人類為何而生存？他們抱持著對「存在的意義」的好奇心而

活，別人想得很簡單的事情，他們反而會像心智圖一樣不斷延伸想法的枝枒，持續擴張，深入思緒之中探索。因為想法多，他們在語言方面的能力相對地也很好。也因為他們思緒的枝枒錯綜複雜，所以他們渴望能找到可以一起分享這些想法的對象，可是這個世界上務實的人占較高的比例，他們通常很難理解NF的想像力和抽象的煩惱，每當這種時候，期盼能有真誠的對話和能夠共同探索人類的NF都會感到悲傷和孤獨。

不過，由於他們的個性比較偏向非現實，因此不會受到外在的成就所左右，可以在自己的世界裡幸福地生活。他們喜歡文化與藝術，對於別人心理層面的煩惱能夠給予積極正向的回應，只要對方能因此變得舒坦一點，他們就會感到很高興。

偶爾，當他們感受到「價值觀的差異」時，他們會想遠離身邊的人。只要是他們認為對自己有價值的東西，即使這個要素再怎麼渺小、在別人眼中看來再怎麼微不足道，對他們來說都是十分重要的存在。

此外，他們對庸俗的生活感到羞恥，他們希望內外一致，成為表裡如一的存在。自我實現是他們的終極目標，由於他們希望別人也能如此，所以他們經常成為優秀的諮詢對象和出色的指導者。若說SJ是「好老師」的話，那麼NF就更像是「師傅」了。

INFJ

~~~~~~~~ 神祕的變色龍，INFJ ~~~~~~~~

　　變色龍可以根據周圍的溫度或陽光強弱的變化改變身體的顏色，這是與生俱來的才能，也是牠們的生存策略。對於變色龍來說，這種形式的變身是再自然也不過的事情，但對其他動物而言，這種夢幻般的色彩變化雖然美麗，卻也很陌生，這是牠們不熟悉的模樣。

　　如果人也能根據周圍變化而改變身體的顏色，那他們會最接近 MBTI 中的哪一個類型呢？正是 INFJ 類型。

　　INFJ 天生具有共情能力，就像變色龍可以根據周圍環境改變顏色一樣，INFJ 在吸收了他人的情感後也會改變自己的顏色，他們可能會變成深紫色，然後變成亮粉色，甚至也可能閃爍著絢麗的七彩光芒。由於他們具有

卓越的共情能力，因此INFJ在心理學或諮商領域常常會展現出比別人更優秀的才能。就算是從事其他職業，他們也很有可能會坐在某個角落聆聽著身邊人的煩惱。

不過，雖然這個類型如此善於感受及理解他人的情感，但卻不太能察覺自己的，他們對別人很寬容，卻告訴自己要等到最後才能關注自己的情緒。就如同變色龍會配合外界一樣，他們也可能在配合對方的過程中遺忘了自己本身真正的顏色是什麼，因此對於INFJ來說，尋找自己的顏色（即自我實現）是最為重要的事情。

變色龍 INFJ

從結果來看，INFJ類型真正追求的並不是理解其他人，他們的同理能力就如同變色龍的變身能力一樣，只是一種與生俱來的天賦，INFJ希望藉由這一生獲得的是比任何人都還要能夠「成為自己」。對INFJ而言，「自我實現」具有比其他任何一種NF特質都還更重要的價值。

總而言之，INFJ外表上看起來是體貼且富有同理心的人，內心則是個比任何人都還要追求自我實現的個人主義者。

#外柔內剛#同理#奉獻#自責#安慰#孤獨#接納
#情感_海綿#碰的一聲_關門#信任#哲學#創意點子

INFJ類型的知名人物中，有諾貝爾文學獎得主赫曼·赫塞。赫曼·赫塞既寫小說也寫詩，也曾下鄉獨自作畫，遊歷印度和世界各國；到了晚年則種種番茄、打理花園，雖然獲得許多人羨慕的獎項，卻還是選擇遠離世人的評價與讚頌，享受只屬於自己的時光。

就像這樣，INFJ和自己玩時最幸福了，若做著具有創造性的事情就會更快樂。

與其他類型相比的話，可以更清楚地了解INFJ類型的特點。

比較一下和 INFJ 類型相像的
INFP、INTJ、INTP 類型吧

　　INFJ 和 INFP 在很多方面都很相似，在藝術性或同理心方面相像，都是個人主義者，也都是夢想家。

　　不同的是，INFP 類型的同理能力是根據自身過去的經驗推斷而來，而 INFJ 則是透過更直覺的方式展現共情能力。INFJ 的同理能力來自直覺，就算他們不願意也能感受到，INFJ 自己也不懂怎麼可能會發生這種事，這對他們來說就像感受到能量波長一樣，瞬間突然就意識到了。

INFP
完美主義、理想主義：享受的人

INFJ
完美主義、理想主義：努力型

此外，INFP類型是在情感投入方面展現了他們的優秀之處，而INFJ類型則是在直覺的創意發想方面表現出長才。當INFP藉由情感上的能量創作出觸動人心的藝術作品時，INFJ則會創作出奇特新穎的藝術作品，因此INFJ在行銷宣傳或其他需要創意發想的領域裡，也能夠輕鬆勝任工作。INFP類型是情感方面的能力強，而INFJ類型則是在直覺能力上更勝一籌。

INTJ和INFJ也有許多相似之處，尤其在「整理思緒」方面更是如此。他們是最擅長將龐大的資料或想法整理得井然有序的類型，這兩種類型有時候很容易被搞混，再加上INTJ經常讓人覺得舉止沉穩、為人親切，而INFJ在考量事情時會顯得較為冷靜，這種時候就更容易讓人混淆了。

INTJ和INFJ身上顯然都存在著哲學家的一面，簡單來說，看似情感豐沛的INFJ實際上比人們預期的更加冷靜，是個喜歡整理思維體系、相對來說較為枯燥乏味的人。

三個類型的差異之處在於，INFP比較接近「我幻想，所以我存在」；INFJ則是「我思考，所以我存在」；而INTJ則更傾向於「我分析，所以我存在」。

最後，INTP和INFJ都會沉浸於想法並從中發想出創意點子，雖然他們在這一點非常相似，但他們的思考

模式卻截然不同。INTP是從一個點出發,接著再無止境地擴張思緒;相反的,INFJ則是將發散的各種想法收斂起來,整理成一個點。

展現此MBTI特質的書名 ─────────────

● 米蘭・昆德拉《生命中不能承受之輕》
● 維吉尼亞・吳爾芙《自己的房間》
● 朴世美《我是我的機率》

再多了解 INFJ 一點吧！

INFJ 的人際關係

- 能感受到他人的痛苦和苦楚，經常會和相愛的人在心理上產生相依為命的連結。
- 在幫助他人時，會不動聲色地提供幫助，因為他們認為像是在誇耀自己般的張揚行為是很令人羞愧的。
- 處於情緒高漲的人群中時，會覺得好像只有自己是格格不入的。
- 若要用一句話來概括他們的人際關係，那就是「Let it be」。他們不會阻止靠過來的人，但也不會主動去靠近其他人，更不會抓著要走的人不放。
- 偏好一對一的關係，如果真的需要聚集很多人的話，也偏好是有共同興趣的小型聚會。
- 經常會在人際關係中感到挫折，因為與他們相似的類型很少。

INFJ 的生活方式

- 有出色的直覺和想像力，但對外在的實感相對較低落，因此在現實生活中常常會顯得笨手笨腳。
- 不擅長給出具體的指示。

- 雖然已經思考得比別人還要深入了，但他本人並不知道自己想得有多深，然後又會不斷往深處鑽研。
- 並不會因為很多人喜歡就跟著做，他們心裡會想著「我不想做大家都在做的平凡事情」。
- 可以享受孤獨的生活。就某種意義來說，他們比任何人都還要享受專屬於自己的時間。

INFJ 的戀愛觀

- 比起最高規格的待遇或名牌，更看重有意義的物品或經驗。
- 不容易展開一段新戀情，若不是特殊情況的話，幾乎不會先主動出擊。
- 相較於透過介紹或撮合認識，更追求自然的相遇。
- 是個願意無私付出且浪漫的戀人，往往會與合拍的人發展成靈魂伴侶。
- 討厭受到束縛，即使關係中的對象是個再好的人，也希望私人的喜好能夠受到對方尊重。
- 暗戀的過程中，若對方看起來對自己不感興趣，就會自己整理心情。
- 在戀愛關係中，認為溫柔地表達愛意是必要的行為，如果反覆出現人身攻擊、貶低性的發言、帶刺的言語等等，對對方的愛意可能會在某一瞬間消失殆盡。
- 突然接近並提議要成為戀人的異性可能會讓他們感到壓力而逃離，但出乎意料的是，如果對方說「只是普通朋友」，他們就可以輕易接受。

INFJ 的交友關係

- 能夠接受周遭的惡作劇行為，也喜歡一起開玩笑，但這並不代表他和對方是朋友（會將「認識的人」和「好朋友」區分開來）。
- 會無條件給予對方支持與讚美。
- 乍看之下會覺得他們看起來很成熟，但變親近之後，常常會發現他們比想像中更像個天真爛漫的小孩。
- 在反覆互相傷害的關係中，可能會不經過協商或給予對方反駁的空間就斷絕關係，這種情況被稱為「Doorslam」。與直接公開絕交不同，他們會像是用橡皮擦將兩人的關係擦掉一般，將對方從自己的人生中整理乾淨，這是為了保護自己免於持續受傷而不得不採取的做法，同時也是INFJ在給予對方最小程度傷害的情況下結束關係的權宜之計。
- 面對心裡中意的人時，不會害怕將自己的陰暗面展示給對方看，會表現出始終如一的信任。

INFJ 的好惡

- 充滿好奇心，有高度的求知慾和學習慾。
- 討厭競爭、做判斷、體制中的重複性工作。
- 在長期的壓力狀態下可能會變得冷漠、執著於刺激的感覺、做

出衝動的行為，也有可能會陷入暴食或厭食的情況。

- 擅長比喻和象徵性的表達。
- 追求哲學性的深度思考，因此需要充分的時間和空間，以防思緒受到干擾。
- 會因為周圍的噪音或巨大聲響而感到壓力。
- 會閱讀或收藏困難的書籍。
- 喜歡針對還沒有固定答案的主題進行深度探討，不僅限於心理學相關的主題，也喜歡與人類有關的科學主題。
- 具有洞察他人並將之系統化的能力，對於MBTI、九型人格、心理學、生辰八字、塔羅、血型、星座、生命靈數等深感興趣。

INFJ 的工作方式

- 認真工作，但不是為了做給別人看，而是為了充實自己的內在（自我滿足感是最重要的）。
- 相較於被局限在框架中的工作，更喜歡可以發揮靈感的事情。
- 比起和同事閒聊，更關心如何提出並發展有創意的點子。
- 不適合創業或從事與銷售相關的職業。
- 需要向別人解釋理所當然的事情時，會感到很為難。
- 比起按照上司的指令行事，更傾向於用自己的方式解決問題。交代INFJ類型做事時，最好是只給予大框架，細節部分則是讓他們自由發揮。
- 不太喜歡玩樂的場合或聚餐。

INFJ 類型的煩惱是？

我算是擅長傾聽他人說話並感同身受的類型，但要遇見可以對我產生共鳴的人並不容易，當我覺得孤單和疲憊時，該怎麼做才好呢？

 小精靈瑪莉夢的建議是？

　　你的「共情能力」就是你的致命傷。因為你的共情能力實在過於出眾，所以就算是面對討厭的人，你也無法強行要求他們什麼；即使有人批評你，你也常常無法正面對抗。如果是在職場上，你會發想出大量的創意點子，但當你的點子被低估或是被別人搶走時，你卻無法為自己辯護；再加上針對那些你認為理所當然的事情，你很難配合對方的感覺逐條進行說明，這也導致別人難以完全理解你的創意發想。

　　雖然有些人看到你時會覺得你是個安靜、認真、善於過團體生活的人，但你其實是個固執的人，而且你也擁有比別人想像的還要多更多的點子，既獨特又有創意。

你還擁有各式各樣的知識和才華，但要全部善加利用並不是件容易的事情，因為你不擅長表達自己，而且你在人際關係中追求的是高尚的情操，這使得你在需要權謀劃策的行為上並不得心應手。除此之外，缺乏現實層面的感知可能也是其中一個原因，再加上你是個完美主義者，所以你也有不願意受到別人幫助的一面。

　　所以我希望你能稍微改變一下你的做法。首先，告訴別人如何協助你，你身邊肯定會有受你的魅力吸引而樂於幫助你的人，不要試圖獨自一人解決所有問題，然後如果需要的話，也可以更加主張你的權利。此外，我覺得多讓身邊的人知道你的能力也是沒問題的。

　　令人惋惜的是，你心裡有著想要成為救世主的一面。希望你不要想著要為他人的人生負責。

　　最後，希望你不要只憑藉感覺就輕易地做出判斷。不要百分之百地相信你的直覺，雖然你的直覺在很多時候都是正確的，但還是希望你不要只靠一兩個面向就下結論，畢竟自認為懂得他人腦袋裡的想法並盲目地相信自己所想的，這對別人來說也是件危險的事情。

　　這段時間辛苦你了，一直要撫慰其他人疲憊的情

緒，一直要祈禱他們能夠幸福。希望你能比現在更加愛護自己、珍惜自己，期待你能充滿愛意地擁抱自己的情緒，就如同你擁抱別人的情緒一樣。

聽說最能讓你感到難受的方法就是對你這樣說：

「都是你的錯！你知道大家因為你受到多大的傷害嗎？」像這樣大肆刺激你的愧疚感。你有時候會苛刻地指責「自己的」情感，所以，我為了你而提出的療癒建議是這樣的：

在你感到非常痛苦的時候，試著把你自己的狀況寫下來，然後想像這是朋友的處境，把你想對朋友說的話寫下來。接著，只要像是在說給別人聽那樣，把那些答案說給自己聽就好了，這樣一來你就能夠更客觀地看待自己了。

和 INFJ 類型變親近的方法

- 因為他們較為沉默寡言,所以若能主動引導話題進行是最好的。當然,比起日常雜事、熱門話題、時下流行之類的輕鬆主題,可以引發思考的內容會是更好的選擇,不知不覺間,INFJ也會開始積極分享自己的故事。
- 不論是再怎麼相愛的關係,也要給INFJ可以獨處的時間。
- 需要做決定的時候,最好能給他們時間讓他們下決定。
- 在與INFJ類型談心過後,一定能告訴對方:多虧了他讓你的心裡變舒暢、情緒也好轉了(若你真的這麼覺得的話)。INFJ會因為自己能在情感方面幫助到某人而感到開心。

INFP

~~~~~~ 小孩子，INFP ~~~~~~

　　動畫《美女與野獸》中的女主角「貝兒」是位整天都在看書的女孩，她選擇了「野獸」作為她的戀人，而不是在小鎮裡看到的那些現實中的男人。

　　生活在書本與幻想中的貝兒，依自己獨特的價值觀做出人生的主觀選擇。這位具備信義與勇氣的少女，如果要按照MBTI類型進行分類，那麼她會屬於哪一種類型呢？

　　她會是INFP類型，以夢想家為代表的理想主義者。雖然並非所有的INFP都和「現實」隔著一道牆，但是INFP的典型形象就是「做著白日夢、擁有豐富想像力的人」，因此他們經常會以藝術為業。

乍看之下，會覺得這個類型看起來有點悠哉，甚至還有些傻乎乎的。果斷俐落的類型——例如 ESTJ 或 ENTJ——看到他們時，可能會覺得他們看起來很令人擔心，進而產生想要幫助他們的想法。實際上，ESTJ 或 ENTJ 經常會照顧 INFP 類型，他們常常會在嘴上抱怨著：「要是沒有我的話，還有誰會來照顧你啊……」然後又推又拉地引導 INFP 前進。

夢想家 INFP

　　但是，這個夢想家的內心不像外在看起來那樣傻氣，他們的心裡可是燃燒著熊熊烈火。不管身邊的人怎麼想，貝兒不也還是依照自己的信念選擇了野獸嗎？在 INFP 內心燃燒的火焰，就是這個類型的核心。這把「火焰」可以是自己獨有的堅持，也可能是信念，也可能是獨特的價值觀，是專屬於他們自己的主觀意識，任何人都不能觸碰。在所有 NF 氣質之中，像這種形式的

堅持最為顯著的類型正是INFP。

貝兒選擇了野獸而不是自大的小鎮青年加斯頓，這是因為她愛上了野獸的真心與誠意，外貌、財產或社會地位之類的東西對貝兒來說是毫無意義的。

#夢想#感性#溫和#藝術#理想主義#固執#吟遊詩人#純真#高尚#創作

總而言之，INFP類型看似溫和，但深入了解後，會發現他們是個對自己認為有意義的事情抱持真心態度的理想主義者。

INFP類型的知名人物有導演提姆・波頓、約翰・藍儂、奧黛麗・赫本。動畫中的代表性人物則是「貝兒」，歷史中的人物則是聖女貞德。

與其他類型相比的話，可以更清楚地了解INFP類型的特點。

INFP 類型和 I-E 互換的 ENFP 類型有什麼差異呢？

這兩者都具有NF氣質，所以都需要「深入且有意

義的關係」，也對很多事物都抱持著好奇心，並會實際參與各種文化性質的活動。

只是ENFP類型的外向性格較為顯著，因此他們會懷抱著期待感迎接新的關係，而INFP類型則傾向於只和少數親近的人維持交流。

男女關係上也與此相似，ENFP很容易快速地陷入愛情之中，有時候會聽到人家說他們是「一秒墜入愛河」的類型；相反的INFP要陷入愛情通常需要花比ENFP更長的時間，因為他們較為內向，自己獨有的那套價值標準在面對他人時會顯得更加明確堅定。

INFP：和少數人親近

ENFP：和多數人親近

ENFP類型是透過結識許多人，以多重方式推動各式各樣的工作獲得成就感，而INFP類型則是在獨自工作時能獲得更多能量。

INFP 類型和 P-J 不同的 INFJ 類型
有哪些點相似，又有哪些點不同呢？

　　這兩種類型都有完美主義的傾向，而且理想主義的那一面都很顯著。他們的想像力都很豐富，會以有創意的方式工作這一點也很相似。

　　只是相較於喜歡整理得井然有序的INFJ，INFP一旦沉迷於某樣事情時，就會展現不考慮任何前因後果，全心全意「All in」的特點，因此他們也可能會突然產出比INFJ更具獨創性的新穎成果。而且INFP經常只是因為單純地在享受當下所以做了那件事，而非有系統地作了準備再執行，這導致努力的人（INFJ）有時未必能跟得上享受的人（INFP）。

　　在情感表達方面也有差異之處，由於INFJ類型不太能察覺自己的感情，所以表面上經常會覺得他們看起來很平靜；而INFP雖然不是會將激動的情緒大剌剌顯露出來的類型，但相較於INFJ，他們會展現出更豐富的情緒變化。

表面看起來悠哉又感性的 ISFP 類型和 INFP 類型有哪些部分不一樣呢？

這兩種類型都傾向於放鬆地隨波逐流，從容不迫地推進工作。表面上，這兩種類型看起來都很溫和柔弱，在個人主義這一方面也非常相似。

要說差異的話，那就差在實感和直覺上。ISFP 是感知較為靈敏的類型，而 INFP 則是在直覺方面更加敏感，因此就算這兩個類型都躺在家裡的沙發上消磨時間，ISFP 會因為做了可以讓他們的感官感受到幸福的事情而變得開心，例如：吃美味的蛋糕、用觸感舒適的棉被把自己從頭到腳捲成一團、欣賞好聽的音樂。

INFP（直覺）　　　　　　　　　　ISFP（實感）

相對的，INFP類型是以直覺為主，所以就算一樣是躺著吃蛋糕，他們也會從蛋糕開始發揮各式各樣的想像力。相較於現實，INFP更容易在想像中獲得幸福感。此外，如果說ISFP是比較喜歡大自然的類型，那麼INFP就屬於為了更理解人類而努力的類型。

INTP 類型和 INFP 類型
有哪些部分不一樣呢？

與INFP類型相比之下，INTP類型顯得展現了更多的思考能力，稍微誇張點說，INTP是用思考能力一層一層組合起來的類型，而INFP在思考能力方面則顯得格外弱勢。但相對的，INFP也擁有INTP所缺乏的情感。

由於情感和思考是相對的兩件事情，所以這兩種類型要互相理解並不容易。假如兩者交往的話，INTP可能會抱怨INFP太多愁善感，而INFP可能會抱怨INTP過於冷漠。

不過，如果INFP類型是某個領域的專家，讓INTP因此覺得可以從INFP身上學到很多東西的話，那他們

的關係就能積極正向地持續下去；再加上INTP若能珍視INFP的情感，並且更加努力表達自己的愛意，那麼這段關係就會像在順風中揚帆啟程一樣順利前行。

展現此MBTI特質的書名

- 朴智雄《在雲與房子之間行走》
- 江國香織《在星星糖灑落的夜晚》[18]
- 閔京熙《因為沒什麼大不了的小事而變成大事的某個夜晚》

18. 此處以韓文書名翻譯，此書在臺灣出版書名為《金米糖灑落的地方》，原文書名為《金米糖の降るところ》。

再多了解 INFP 一點吧！

INFP 的人際關係

- 常常會裝作不在乎，在別人面前露出漠不關心的表情，但腦袋裡卻有許多有趣的想像在盤旋飛舞，有著屬於自己的世界。
- 討厭受到關注，站在前頭主導某件事會讓他們感到不自在。
- 即使長了年歲還是像男孩女孩一樣。聽到好聽的音樂會流眼淚，看到悲傷的故事時會覺得心痛，經常會流露出情感上脆弱的一面。「我們為什麼會成為大人呢？」這句話一直深植在他們的內心，他們希望一輩子都能天真無邪地活著，但是這副模樣對注重現實的 SJ 氣質來說顯得很不成熟，常常會覺得他們看起來很幼稚。

INFP 的生活方式

- 比起制定計畫，更常選擇隨機應變或是拖延。
- 表面上看起來很安靜，也經常會沉浸在自己的思緒中；腦袋裡面很繁忙，因為會有一團一團的想像在他們的腦袋裡展開翅膀翱翔。他們是深陷感性之中的夢想家。
- 會因為分心想別的事情而在地鐵上坐過站然後遲到。

- 雖然想得很多，但是不太會整理思緒。晚上時常會睡不著，甚至會在深夜享受獨處的時光，每日重複著晚睡晚起的行為，也很容易因為睡眠不足或複雜的想法而陷入憂鬱，是所有類型之中最容易陷入沮喪狀態的類型。
- 比起計畫好的旅行，更享受即興出發的行程。喜歡令人身心舒暢的風景、事物、人際關係，做什麼事都不會勉強自己，就算到了截止日也是慢悠悠的，是個將生活過得如流水般悠然自得的類型。

INFP 的戀愛觀

- 對於愛情有一套自己的理想標準，因此常常會期望另一半也能呈現出自己想要的理想模樣。如果在這點上與對方不合拍的話，就會和對方產生衝突，但即使已經到這種時候了，INFP類型還是相信對方最終會成為自己所期望的樣子（實際上很多時候都並非如此）。他們是會為了尋找自己的謬思女神而徘徊不定的類型。
- 可能會有想像中的朋友，或是想像中的男朋友、想像中的女朋友。
- 雖然很容易害羞，但只要成為了真正的摯友或戀人，就會毫不保留地在他們面前展示自己的可愛之處。

INFP 的交友關係

- 信念、思想、價值觀鮮明，但若不是親近的人或可以信賴的人，就不會說出自己的想法。
- 具有高情商。會回應朋友的煩惱諮詢，同理能力高。
- 在友誼關係中沒什麼戰鬥力，為人柔軟，相對地也會一言不發地鬧彆扭。
- 如果覺得坦露自己的想法會使對方受傷或讓對方心情不好，就不會把想說的話說出口，因此有時候會發生什麼都無法說出口，只能悶在心裡的情況。
- 經常聽到人家說他們「很像四次元的人」。他們看起來既天真又傻乎乎的，朋友會因為覺得有趣就小小作弄他們一下，是容易受戲弄的類型中的前幾名。

INFP 的好惡

- 具有敏銳的感受力與獨創性。
- 情感豐富，善於同理。
- 經常會瞬間陷入感性之中。可能會收藏一些「極致悲傷的播放清單」，在聽著憂鬱的音樂時撲簌簌地流下眼淚。
- 喜歡看心理劇、看展覽、觀賞藝術電影、參加作家講座。在寧靜舒適的餐廳中和合得來的朋友談論藝術相關的話題會讓他們感到快樂。假如他們的興趣是攝影，那他們可能會為了捕捉傍

晚的夕陽而爬到屋頂上，直到拍到心滿意足的晚霞畫面前，都不會從欄杆上下來。

- 好奇心旺盛，所以會同時涉足許多有趣的事情，但對於結果如何並不會太過在意。
- 具有藝術家的自由奔放特質，也有才華，有豐富的藝術感，創作時不喜歡按照既定的方式進行。
- 做某件事時，並非因為考慮到未來需要，單純只是因為喜歡而做。

INFP 的工作方式

- 雖然是完美主義者但卻很懶惰，如果無法做到完美就不會開始。
- 即使不賺錢也會去做想做的事，因為對他們來說，「有意義的事」是世界上最重要的事情。如果周圍有人對他們說「要持之以恆地努力，拿到資格證書，取得社會上的成功」，他們會覺得很囉唆，直接當作耳邊風。
- 希望能把工作也當成興趣在做。
- 儘管外表看似溫和，但實際上卻非常固執。如果遇到了能夠「找到意義」的事情，他們可以投入極大的能量，甚至願意為此奉獻性命。舉例來說，當他們因為覺得流浪貓很可憐而想提供幫助時，可能會每天都四處奔走分發飼料，有時甚至還會直接帶了數十隻回家養。
- 當遇到了和信念一致的事情，會非常積極地參與其中。為了守護自己的信念，極端的情況下（雖然罕見）也可能進行個人的示威活動，所以說這個類型也會被稱為「聖女貞德」類型。

INFP 類型的煩惱是？

有時候會因為腦中充斥了太多情緒而無法入睡，我會陷入各式各樣的幻想中，經常熬夜。情感這麼豐沛，我該怎麼辦才好呢？

 小精靈瑪莉夢的建議是？

你是一個細心、體貼、具有良好同理能力的朋友，只不過，當你的情緒太占優勢時，你被你的情緒支配的情況就會經常發生。某些時候，你會因為變得太過情緒化而失去客觀性，只專注在與情緒有關的問題上。

比如，你在評斷某個人時，你可能會無法客觀評估，反而是根據自己的主觀價值，而對對方懷有過度的好感或厭惡感。你偶爾也需要配備一個名為「理性思考」的煞車系統才行。

你對「拒絕」或「反駁」這類事情也顯得比較生疏，試著把拒絕當作是一個向對方公開表示「我有這些想法」的過程吧，與其對對方感到抱歉，不如更加珍惜你自己的觀點一些。

你在生活中對各式各樣的事情都很感興趣，並且因此嘗試了很多新鮮的事物，但你也很清楚自己有著虎頭蛇尾的一面，對吧？觀望、只是在一旁觀察、從容不迫、悠哉，這些是你的優點，但同時也可能成為你的缺點。

　　你不是有很多想法嗎？想很多、談論很多與想法有關的話題、發揮想像力，並在這樣的過程中發揮你藝術方面的才華，或許就是因為是你，才能創造出如此卓越且具有獨創性的藝術世界。但是，在你的思路之中也會出現負面思考，如果不能將負面想法好好做個了結，讓它們一直在你的腦海裡像旋風一樣盤旋打轉的話，那該有多累人啊。

　　試著養成更規律的生活習慣吧，希望你能按時睡覺、按時起床，好好吃飯、好好休息，你的人生中更需要的是動動身體，而不是一直動腦袋。既然如此，試著外出走走也是個不錯的選擇。

　　我認為你似乎需要進行更多會使用到身體的活動，因為你常常想得比別人還要更多，是會因此而變得疲憊的類型。

據說日本著名的小說家村上春樹每天早上都會藉由慢跑來鍛鍊身心，他提到在跑步的過程中不只鍛鍊了體力，也能使他的心靈變得安定。希望你能像關注自己的心靈一樣，同等地關照自己的身體，給予你的身體更多關心。村上春樹說，當他無端受到某人的批評時，他就會跑得更遠。事實上，也有很多人都提過會藉由運動來消除憂鬱的感受。

　　如果覺得跑步很難又很累的話，那就試著從一些小運動開始吧，當你更有活力、果敢決斷的能力更加明確時，你就能更加靠近美好生活。如果你已經很常在運動的話，那麼你應該已經感受到運動的效果了，希望你以後也能持續活動你的身體。

　　某位精神科醫師撰寫的書籍裡有推薦一些方式，據說只要好好遵循三項建議就不太會患上憂鬱症，即便是患上了，也能夠很快恢復。這三項建議分別是：每天睡超過七小時、三餐均衡飲食，最後是每天步行一萬步以上。希望你能持續不懈地檢查你的身體狀態。

和 INFP 類型變親近的方法

- 在變熟之前不先探問他們的個人資訊，在真的熟識之前也不要假裝很親近。
- 當 INFP 類型因為某人而受傷或困擾時，站在他們這邊，並幫他們把說不出口的傷心事說出來，代替沒辦法說出「我好難過」然後說別人壞話的 INFP，爽快地把對方罵過一遍。
- 把總是擔心很多事情的 INFP 帶到寬廣開闊的戶外，在 INFP 療癒自己的期間，在一旁準備美味的茶和甜點給他，直到 INFP 自己想要說話之前都只要等待就好，靜靜地陪他一起欣賞風景。
- 當 INFP 類型興奮地談論腦海中的想像時，傾聽他們說的話，並表現出讚嘆及感同身受的樣子。

ENFJ

～～～～～ 人類界的獵犬，ENFJ ～～～～～

　　黃金獵犬和拉布拉多性格溫和、開朗，因此常常被培訓成導盲犬。但牠們本來是獵犬，是需要大量活動的犬種之一，所以不適合用繩子把牠們拴起來，或是只把牠們養在家裡。

　　對人類非常友善，儘管體型龐大卻不具威脅性，溫和且隨時為了幫助人類而待命，這種狗如果要將其分類進MBTI類型，會屬於哪種類型呢？正是以「待人親切」為代表形象的外向激勵者（Motivator），ENFJ類型。之所以會稱他們為「激勵者」，是因為這個類型很常幫助他人激發內在動機，時常會擔任像是心靈導師一樣的角色。

雖然ESFJ跟ENFJ一樣是和善親切的類型，但因為ESFJ比ENFJ更重視現實層面，因此他們會試圖提供實質性的幫助，ESFJ會化身為對方的手和腳，藉此來為他人付出。

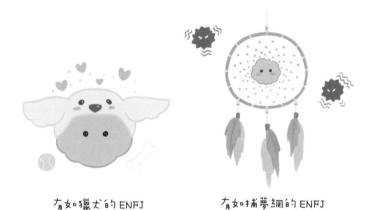

有如獵犬的 ENFJ　　　　　有如捕夢網的 ENFJ

不能光是因為ENFJ類型會成為他人精神上的支柱，就把此視為ENFJ的全部。獵犬討厭被綁住、喜歡戶外活動，同樣的，ENFJ類型其實也是非常自由的人。ENFJ在與許多人相處時，會透過他們出色的口才進行社交上的溝通，他們會不間斷地從內部和外部散發出夢想、理想、直覺能力，展現了各種創意發想的爆發力，對他們而言，自我發展的需求與藝術層面的感受力是會不間斷湧現的。

#命運#心臟#真心#星星#英雄#夢想#感性#成長
#安慰#彩虹#口才#烏托邦

總而言之，ENFJ表面上看起來是人類的朋友「獵犬」，但從內心來看的話則會是一隻「浪漫的貓咪」。

如此溫柔且與戀人之間有著深厚情感連結的ENFJ，也有著顯著的缺點。一個是他們會因為不想被討厭而顯得優柔寡斷（想要被所有人喜愛）；另一個則是他們面對喜歡的人時特別容易被蒙蔽雙眼，無法客觀地掌握事實，具有盲目的一面（與「英雄崇拜」有關）；最後一點則是他們很難在事情與人之間保持平衡感，ENFJ類型只要關注了人的情感，就無法冷靜地看待事情。

ENFJ類型的知名人物包括歐普拉·溫芙蕾、馬丁·路德·金恩、納爾遜·曼德拉等，虛構角色則有《駭客任務》的莫菲斯、神力女超人、《魔女宅急便》的琪琪等。

與其他類型相比的話，可以更清楚地了解ENFJ類型的特點。

ENFJ 類型和其他類型
有什麼差異呢？

有一個有趣的情境可以展現 ENFP 類型和 ENFJ 類型之間的差異：當他們都喝醉了的時候，會發生什麼事情呢？

喝醉的 ENFJ 就算處於酒醉的狀態下，也會試圖讓事情有個乾淨俐落的收尾；相反的，ENFP 喝醉的話，就會變成「我什麼也不知道」的狀態，所以結果常常會是——喝醉的 ENFJ 會送（一樣喝醉的）ENFP 回家。

- 一起喝酒的話 -

ENFJ 需要照看 ENFP

ENFJ 類型在韓國是很難找到的，尤其男性 ENFJ 更是稀有；相反的，在韓國最容易找到的類型是像 ISTJ、ESTJ、ISTP 這些務實的類型。NF 氣質原本的占比就低，其中的 ENFJ 類型又是少數，而 ENFJ 和 SJ 氣質之

間又幾乎找不到任何共通點，考慮到這些點的話，SJ 氣質（據說在韓國的占比超過60%）會覺得 ENFJ 難以理解也是理所當然的事情了。對於注重實際內涵又務實的 SJ 來說，ENFJ 的幻想以及全心投入人際關係的模樣，可能會顯得有些不切實際。

　　與其他類型相比，ENFJ 的口才顯得特別好，也很擅長說出溫柔體貼的話，往往會像西方的作風那樣不斷地表達愛意，並從眼神裡流露出浪漫的基因；再加上他們不容易發火，不論對誰都能表現出招人喜歡的言行舉止，若是對 ENFJ 廣泛且深刻的情感表達方式不夠熟悉的人，可能常常會懷疑他們是不是在裝模作樣，還可能會因為他們表達感情的方式而渾身起雞皮疙瘩。

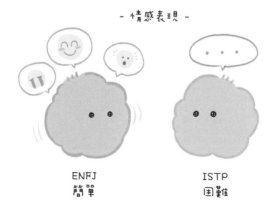

- 情感表現 -

ENFJ
簡單

ISTP
困難

ENFJ類型總是會展現自己的真心，但他們也經常會因為看到大家對自己的反應而感到受傷。他們從小時候開始便會盡情地表達自己的情感，但是當他們總是從外界接收到冰冷的視線時，自然就會變得畏縮怯懦。

　　因此，尤其是在韓國，ENFJ類型的男性們往往會因為自己的個性和特質無法被理解，而在成長過程中對自己抱有負面的想法。超過二十多歲後，他們可能就會乾脆把情感阻擋住，或是在與他人溝通時表現出消極封閉的一面。

　　就這方面來看，ENFJ的朋友和家人若是可以自然而然地接受他們無止盡的愛，並且認同他們的個性，這樣會是最好的。此外，ENFJ會因為別人表現出批判的態度就馬上變得灰心喪志、看人眼色行事，當他們聽到別人對自己的評價（並不是批評），經常會把那些評價解讀為是對他個人的批評，所以周圍的人在面對ENFJ類型時，能夠小心且溫柔地與他們進行交談是最好的。

展現此MBTI特質的書名

● 艾倫．狄波頓《我為何愛你》[19]
● 白石《我和娜塔莎和白驢》
● 尹貞恩《一起走嗎》

19. 此處以韓文書名翻譯，此書在臺灣出版書名為《我談的那場戀愛》，原文書名為《Essays In Love》。

再多了解 ENFJ 一點吧！

ENFJ 的人際關係

- 會善待比自己弱小的人。
- 難以忍受別人因為自己而受傷。
- 偏好靜靜地凝望著對方的眼睛說話。
- 有時會成為別人精神上的導師。
- 不會輕易批判他人。
- 對人抱持著盲目的愛與信賴，就算不斷受到傷害，也會想要繼續與新的人維持深厚且廣泛的關係。
- 與人相處時，機靈且富有同情心。
- 溝通技巧出色，有優秀的語言表達能力，常常會發生話太多的情況。

ENFJ 的生活方式

- 善於整理周遭環境，也喜歡制定行程，但他們的滿足感並不單純來自於制定詳細計畫然後逐一實踐，而是為了更大的夢想與理想一步一步前進的過程。
- 在服裝、小物品、室內裝潢等事物上追求與眾不同的個性，對

於具有自己獨特風格的東西很有興趣。

- 在校園生活中算是遵守紀律且個性溫和的類型。

- 在做自己喜歡的事情時不會在意別人的眼光。這並不是因為他們想特立獨行，而是因為他們對自己與眾不同的魅力感到自豪。

ENFJ 的戀愛觀

- 相信命中注定的愛情。與某人相識時，可能會因為覺得是命運的安排而陷入愛情。

- 無關乎對方的條件，會純粹因為個人喜好而心跳加速，也會因為加速的心跳而開始一段戀情。

- 很難和真心喜歡的對象好好分手，就算分手了也很難以忘懷。

- 對對方有強烈的獨占欲和愛意，會希望對方只喜歡自己，也會顯露出嫉妒心。

- 一旦陷入愛情就會珍惜與對方的緣分，會細心地照顧並愛護對方。

ENFJ 的交友關係

- 努力不隨意對人做出價值判斷，但偶爾可能會出現直覺喜歡或討厭的人，這種情況下就會不得不跟隨自己的感覺。

- 雖然與任何人都能保持友好的關係，但如果內心覺得反感的話，就很難成為真正的朋友。
- 一旦成為「摯友」，在這段關係中就會比任何人都還要全心全意地相信對方。
- 具有好奇心和學習熱情，再加上個性外向，所以在各個領域中都有許多朋友。

ENFJ 的好惡

- 仰慕英雄或精神領袖。
- 夢想著一個人人平等、相互愛護的世界。
- 喜歡書籍和文化體驗。
- 很難冷靜地做出判斷或選擇要支持哪一邊。
- 面對批評或指責時，比任何類型都還要來得更脆弱。聽到別人的批判時會深受影響，就算沒有表現出來，心裡也會非常痛苦。
- 對抽象、象徵、比喻、概念性的東西都深感興趣。
- 受到稱讚或激勵的話就會更加努力。
- 遇到上司指責自己的失誤時，會認為對方討厭自己。

ENFJ 的工作方式

- 能在演講或簡報過程中展現出眾的魅力。口才很好當然也是原因之一，但主要是因為他們充滿了個人魅力。

- 在公司中，即使後輩犯了錯，也會試著理解並鼓勵對方。如果目睹了上司對後輩發火的場景，會在那之後去找後輩，以不露聲色的方式溫暖地安慰對方。

- 在作詞、作曲、寫作、繪畫等創作活動上具備才能。

- 作為廣告文案撰寫人員或行銷人員也能發揮實力。因為他們能以具有創意的視角觀察情況、與各式各樣的人交流、天生有著具備說服力的說話技巧。

- 能在諮商、教學、神職、藝術等領域嶄露頭角。

- 做事時會先畫出大藍圖，時刻思考可行性。

- 小心翼翼地處理過於細節的項目及進行實務作業時，可能會因為做著做著太無聊而有犯錯的風險。

- 比起獨自作業，更喜歡可以和人一起做事的工作，但像行政、法律、警察或看守員這種需要冷靜判斷的職業就不太適合。

ENFJ 類型的煩惱是？

我對別人好都是出自真心的，但有些人會誤解我的善意，好像也有人會因為這樣而覺得我好欺負，我應該要怎麼做才好呢？

 小精靈瑪莉夢的建議是？

　　你就像千層派一樣，香氣迷人、酥脆，用彷彿要融化的奶油填滿每一層，這樣的點心真的是相當美味。但是千層派也有它的缺點，因為它不是一體成型，而是由很多層疊合而成，所以很容易碎裂。

　　看著千層派的這一個特點就覺得像是看到你一樣，因為你雖然為別人帶來了甜蜜、柔軟、愉快的氛圍，卻又容易碎裂。你在情感上比其他類型來得更加脆弱，你很容易受傷，在人際關係（尤其是戀愛）中也會戰戰兢兢的。你想要被所有人喜愛，心情也會隨著他人的反應起起伏伏，這都是因為你是個比別人都還要更加敏感的人。

最讓你感到難受的，或許就是身處在「衝突狀況」之中的時候了，像是你和他人的衝突，又或者是選擇上的矛盾。

　　生活中的衝突是不可避免的，希望你可以將它視為一件自然而然的事情。如果你一直以來都因為感到害怕和不自在而選擇無視或逃避衝突，又或是輕率地選擇心裡不曾有過的妥協選項的話，現在我想要給你一些建議，希望你能改變原本的想法。如果只是快速妥協的話，你可能會讓自己感到失望，或讓對方繼續抱持著不好的情緒。不要輕易做出決定，試著請求對方多給你一點時間如何呢？

　　比起憑直覺判斷情況，保持客觀且冷靜地觀察現況，這樣的態度似乎也是必要的，畢竟並不是每個人都能平等地生活，沒有任何人受傷的衝突關係實際上也不可能存在。

　　即使你是一株渺小又微不足道的小草，但就如同某位詩人所說的「看久了才會覺得漂亮，你也是如此」，你是可以用這句話形容的類型。我想將這句話原封不動地送給你，願像你這樣充滿魅力的類型，不會輕易受到

挫折或傷害，可以更有活力、更堅強地生活下去。

如果因為聽到誰的批判或責難而感到鬱悶，不要只是沉浸在沮喪的心情裡，試試看這麼做如何？

自己跟自己說話，溫柔地安撫你的內心。這就是你對待別人時最擅長做的事啊。

而且，令你失望的情況通常是你付出了一千分的愛，但對方卻連小數點都不願意回報給你，甚至可能還有人會利用你或背叛你，這真的令人感到很惋惜。以後當你付出十分卻只收回一分時，不要猶豫，不要對人際關係念念不忘，希望你在面對不好的關係時能夠把心裡淨空，在你隨心所欲地將內心的感情散播出去之前，試著再稍微冷靜一些些吧。

最後，我還想再給你一個忠告。你偶爾會聽到別人說你是異類對嗎？我認為即使你變得再更「異類」也無妨，因為那就是你，世界上的人對每個人來說都是如此的不同，而你也是宇宙中獨一無二的那一個。還有，我認為你也不必刻意讓自己變成乾脆俐落的人，你的模樣並不是缺點，把這當作魅力保留下來會更好。

和 ENFJ 類型變親近的方法

- 與ENFJ類型交談時,靜靜地凝望著他們的眼睛說話。
- 一起參與 ENFJ 的興趣愛好或關心的事情,或者是花時間聽 ENFJ 的故事。他們喜歡和品味相近的人交談。
- 不要當面斥責ENFJ、不要使用不雅用詞、不要在別人的背後說 那個人的壞話。ENFJ 類型對於在為人處世上無法信賴的對象 很容易消滅熱情。
- 如果 ENFJ 類型在平時會關照你的小事情、說好話給你聽、給 予你建議,向他表達感謝之意,告訴他那些事真的幫助了你, 把對方當作心靈導師般尊重他。

ENFP

~~~~~~ **可愛的獨角獸，ENFP** ~~~~~~

　　獨角獸在兒童卡通中呈現的形象是可愛且七彩繽紛的。獨角獸常常被跟彩虹配在一起畫成圖畫，牠雖然華麗，卻是個不現實的角色，而ENFP類型就和這樣的獨角獸很相像，無論是展開寬大而優雅的翅膀、可愛又有魅力的眼神，還是突出顯眼且獨特的角。他們就像三稜鏡一樣閃閃發亮，反射出鮮明的光譜，進入三稜鏡的光只有一束，但投射出來的顏色卻七彩繽紛，ENFP類型也是如此，他們充滿熱情，對各個領域都有興趣，只要有他們在身邊，氣氛就會變得融洽。

　　他們表面上看起來機智風趣，就算上了年紀也會展現出如同孩子般的純真，是積極正向的人，而實際上

他們也是想得非常深沉、具有洞察力的人。就如同其他NF氣質一樣，他們在人際關係上是真誠直率的，雖然外表看起來是個善於營造氣氛、很會玩樂的人，但其實最能讓他們感到幸福的時刻是與他人在情感關係上建立深厚連結的時候。他們的直覺敏銳，這一點和INFJ相似，可以稱他們為「活潑外向、善於與他人溝通的INFJ類型」。他們同樣也非常渴望自我實現，只是因為他們展現了外向且喧鬧的一面，所以讓他們自我省察的面向不容易顯露出來。

多彩多姿的ENFP

因為性格外向，所以他們也是善於做出浪漫舉動的人。他們也和ENFJ一樣喜歡浪漫的關係、願意為對方付出，也因為他們埋首於人際關係之中，所以當戀愛或友誼中發生了不對勁的事情，他們就會果斷地整理關係，這也意味著他很容易受傷。但儘管是這種時候，

這個內心柔弱的類型也不會公開宣告決裂，若是有三振出局的制度，那他們在對方達到三振出局數之前都會一直選擇寬恕，直到第三次才會在心裡宣告決裂。如果是不夠會察言觀色的人，甚至可能不會意識到ENFP正在跟他們「絕交」，只會覺得ENFP散發出來的氛圍不知為何和以往不太一樣。實際上，所有的NF氣質都擅長「暗自絕交」，但因為ENFP類型在NF之中又總是保持笑容，也很會給予適當回應，使得其他人較無法想像他們陰暗的一面。

#奇特的_想法#第六感#能量#戲劇性的#領袖魅力
#可能性#開朗_活潑#多才多藝#溫暖的

總而言之，ENFP類型表面上看起來是性格爽朗的四次元，內在則是會追求更多可能性和意義的直覺型人格。

ENFP類型的知名人物有電影演員威爾‧史密斯和奧莉薇亞‧荷西、流行歌手辛蒂‧羅波、小說家奧斯卡‧王爾德。虛構角色則有紅髮安妮、小木偶皮諾丘、蜘蛛人（湯姆‧霍蘭德版本）、庫洛魔法使小櫻、迪士尼的長髮公主樂佩等等。

與其他類型相比的話，可以更清楚地了解ENFP類型的特點。

只有 I 和 E 不同的 INFP 類型
跟 ENFP 類型有什麼不同呢？

這兩種類型的想法和創意點子都很多，也都希望能夠產出屬於自己的獨創成果，重視個性這點也很相似。但是 INFP 類型比起和其他人一起協同作業，更想要有獨立自主的時間，而 ENFP 類型則在與他人的合作中獲得能量，在這一點上兩者是各不相同的。

透過與許多朋友交流來獲得力量的 ENFP

ENFP 從更多地「認識」新朋友和與更多朋友的「交流」之中獲得力量；相反的，INFP 類型在和很多人見面時容易感到疲倦。

ENFP 類型和 T-F 交換的 ENTP 類型有什麼差異呢?

　　奇特的構想和第六感、卓越的直覺能力、多才多藝、對身邊眾多事物的好奇心等，在這些層面上這兩個類型是相似的。

　　特別是在與人相處時，他們都能用口才和機智讓對方被他們的魅力迷得團團轉，在這一點上這兩種類型似乎是所有類型之中數一數二的。或許就是因為如此，當他們成為合得來的朋友時，對彼此而言都沒有比這更有趣的絕妙組合了。

ENFP 和 ENTP 的共通點：好奇心旺盛！

　　然而，ENTP 類型也具備了聰明的 NT 氣質「喋喋不休」的特色，而 ENFP 類型則具有 NF 氣質「情感過剩」的特點。當 ENTP 開始用 T 型人格的邏輯思考戲弄

ENFP 類型時，ENFP 內心感性的淚水恐怕已經傾洩而下了，特別是在他們變成親近的關係之前更是如此。

ENFP 類型和 ENFJ 類型
有哪些點相似，又有哪些點不同呢？

因為有 P 這個性格上的差異，因此從「完工」這件事上可以看出兩種類型的不同之處，更精確地說，他們在看待完工這件事的角度上存在著差異。

ENFP 類型即使是在事情完成之前，也能從執行的過程中感受到滿足和快樂，因為他們透過想像未來的可能性就能讓心情變好（可是大部分都無法有完美的收尾，經常有虎頭蛇尾草草了事的風險）。ENFJ 是善於統整想法和點子的類型，與之相比，ENFP 則是屬於會讓點子更加發散的類型。

夢想家 ENFP

表面看起來像 ENFP 一樣開朗、快活、活潑的 ESFP 類型和 ENFP 類型有哪些部分不同呢？

　　這兩者之間的差異在於 S 和 N，S 是實感，N 是直覺，從表面展現的模樣來看，這兩種類型是非常相似的。不過，ESFP 是個樂觀主義者，他們希望能在現實中過著最開心幸福的生活，作為所有類型之中焦慮程度最低的類型，「享受人生」是 ESFP 的人生座右銘。這個類型的內心與外表也很相像，是個從裡到外都很幸福的類型。

有如獨角獸的 ENFP　　　　相信命中注定的愛情的 ENFP

　　另一方面，ENFP 類型並不是在現實裡奔跑的馬，而是在空中揮舞著翅膀飛翔的獨角獸。表面上看起來朝氣蓬勃又活潑開朗，看似喜歡和人們交流互動，但他們的人生目標並不在享受人生這件事上，他們追求的是自

身的理想和崇高的願望，可以說ENFP是夢想著「比現在更美好的夢幻世界」的人。

看起來和 ENFP 相像的類型中還有 ESFJ 類型
這兩個類型有什麼不同呢？

　　ESFJ 也是非常善於交際的類型，總是帶著開朗親和的表情。乍看之下可能很難區分 ENFP 和 ESFJ，但 ESFJ 其實是比外表看起來更有計畫、更加保守的類型，就算不斷重複相同的行為也總是帶著微笑，幫助他人時也絲毫不會露出疲倦的神情，一直以來都始終如一。若是指派 ENFP 去做這些事的話，他們馬上就會疲憊不堪，因為 ENFP 比任何人都還不擅長應付類似且重複的工作，反而是在變化多端的領域裡才能發揮他們的潛力。

展現此 MBTI 特質的書名
- 露西・蒙哥馬利《清秀佳人》
- 金宇中《世界很寬廣，要做的事情很多》
- 柏納・韋柏《想像力詞典》

再多了解 ENFP 一點吧！

ENFP 的人際關係

- 有聚會的時候，經常會不小心就擔任了主持人的角色。
- 認識新的人時很容易就能變親近。
- 在人際關係中正面積極且具有豐沛的情感。
- 說話風趣且討人歡心。
- 堅守開朗的形象，即使是面對還算親近的對象，也不太會顯露自己的陰暗面或真正的煩惱，別人常常什麼都不知情。
- 表面上雖然笑著，但若對話或價值觀不太合拍的話，之後就會減少聯絡。

ENFP 的生活方式

- 不會執著於像儲蓄這種一點一滴慢慢存錢的行為（大概是「做了也不錯啦，但這又不是我人生中真正重要的事情～」這種感覺）。
- 會挑戰新的嗜好，然後在過程中又會撲向另一個新的嗜好。
- TMI[20]，話很多。
- 有嚴重的健忘症，很常丟三落四、忘東忘西。

- 當他說情況很嚴重時，常常沒有半個人相信他。
- 不知道會跑去哪裡，有著活蹦亂跳的魅力。
- 缺乏合乎現實的思維，有種「因為開心所以就做了」的感覺。

ENFP 的戀愛觀

- 的確有一秒墜入愛河的一面，在愛情上相信宿命論，對待關係非常真誠。
- 許多人會從他們的領袖氣質、口才、感性之中感受到魅力而接近他們。
- 如果有了真正喜歡的人，就無法輕易擺脫那段關係，是屬於被愛情蒙蔽了雙眼後就無法輕易揭開的類型。
- 若跟他們說結婚有很多現實考量，他們不太能理解箇中含意，尤其是當他們還處在浪漫的戀愛關係中時。
- 單戀時會變得小心翼翼的，但因為表情藏不住所以總是會露餡。

ENFP 的交友關係

- 討厭朋友關係之中的虛偽與假裝，不擅長說謊，當他在說不是出於真心的話時，會從表情上顯露出來。

20. Too Much Information的縮寫，意指提供了太多鉅細靡遺的資訊。

- 屬於繞著彎說話的類型，不是會坦率直言的性格，因為害怕對方會受傷。
- 朋友很多，導致他看似維持著廣而淺的交友關係，但其實他們追求的是深厚而緊密的友誼。
- 對於喜歡的人和討厭的人壁壘分明，但這並不意味著他們會輕易表現出來。
- 具有外剛內柔的一面，儘管看起來活潑且精明幹練，但內心其實很脆弱。

ENFP 的好惡

- 喜歡旅行或探訪美食餐廳等新的體驗，難以忍受一直靜靜地待在同一個地方。
- 在激勵他人並給予精神上的支持時會產生成就感。實際上他們之中有很多是優秀的諮商師，就算不是專業的諮商師，也時常會在職場或聚會中的某個瞬間開始提供諮詢建議。
- 對於喜歡的事情很認真，但面對討厭的事情時常常連碰也不碰。

ENFP 的工作方式

- 想做的事情真的有很多，想要實現的事情也很多，所以總是持續同時從事許多事。

- 如果有迷上的事情就會一股腦兒投入，但在投入過程中，有時也會放棄本來在做的事情，轉而投入新的事物。
- 如果只是為了賺錢而工作，可能會讓他們變得很痛苦，因為他們是很重視工作上的抱負和興趣結合的類型。
- 適合可以支持他們發揮最大限度創造力的公司或工作，既可以成為充滿出色點子的策劃者，也可以是行銷人員。
- 如果從事單純重複的工作，就會有不斷引發失誤的風險。也不擅長收尾工作，因為縝密地檢查及核對小細節對他們來說是件困難的事情。
- 對這種類型的人來說，可以「像在玩樂一樣，邊工作邊玩」的地方是最理想的職場。

ENFP 類型的煩惱是？

我自己也覺得自己是有魅力的，人緣也很好，但我經常渴望能有更理想的關係，難道是我太不懂事了嗎？

 小精靈瑪莉夢的建議是？

你就像《清秀佳人》中的「紅髮安妮」一樣，充滿活力且獨特。也許你還不太了解你自己，你喜歡認識人，總是會成為聚會的中心，但事實上，這並不是你人生的真正目的。

結識許多人，在人與人的關係中發光發熱並收穫好人緣，如果你認為僅僅靠這些就足以填滿你的人生，那麼你將會一直感到孤單。

你是一個善於社交的人，但只仰賴外在關係的話，似乎無法讓你的人生變得更幸福。如果你想要愛自己，那你就必須更加靠近你自己，你可以更有個性，也可以更加特立獨行，但這必須是基於你原本就是這樣的人才行。

希望你能遇到真正的朋友，那種可以讓你坦率地顯露出你笨拙的一面或自卑感的朋友，到那時候，你會變得更加富足、穩定，同時你的自信感也能夠伸展得更遠，身為NF氣質的你便可以更愛內外如一的自己。

　　如果你現在正在做自己想做的事情，那很好，但假如你必須繼續做著不合心意的事情，那麼哪怕是個人時間，也希望你能擁有可以發揮想像力的時刻。

　　舉例來說，因為你具有豐富的想像力和敏銳的感受力，所以像是唱歌、跳舞、寫作、旅行這些都很好，但光是這些的話就太過簡單了，我想介紹一些被廣泛應用於藝術治療的方法，這很有趣，也能從中感受到意義，同時是可以更深入地思考自己的機會。

　　首先是用左手（非慣用手）寫字或畫畫，也可以兩個都一起做。

　　第二個是讓音樂、舞蹈和繪畫並行。這是一個一邊聽著音樂，一邊隨著節奏自由舞動，並將音樂用繪畫呈現出來的過程。

　　第三個是用直覺將印象形象化。先搜集一些詞彙，再根據你的直覺所指示的為每個詞彙畫出抽象畫。

有十個左右的詞彙就可以了，作畫時不要苦惱，要瞬間畫出來才行。

第四個是寫未來日記。把未來的某個時間點當作現在一樣寫下來，文章的開頭以「今天是○○○○年○月○日，我現在○○歲」開始就可以了。寫這篇文章的時候也是只給十五分鐘左右的固定時間，不要苦惱，不要想著要寫得很好，不管三七二十一地按照當下的感覺寫下來才是最重要的。

實際做過的話一定會很有趣的，這些方法無法預測、需要想像力、可以同時進行多種活動，對你來說恰恰是個很好的療癒方式。

和 ENFP 類型變親近的方法

- 如果在工作上或聚會中有煩惱的事情的話,真誠地向他們尋求建議。
- 邀約對方時,適度地安排鬆散的行程,然後祈禱能在旅遊地點遇到意料之外的愉快狀況。
- 他們注意力散漫,可能會反覆在瑣碎的工作上犯下小失誤,最好能夠從旁幫忙打理一些瑣碎的用品或注意事項。
- 單純一起喝酒、出去玩、閒聊並不足以填滿 ENFP 類型的情感需求。在對話時,可以試著花點時間真摯地討論生活的意義、人生的方向,傾聽 ENFP 類型的獨特想像力和觀點。
- 喜歡驚喜,所以禮物可以準備一些難以預想的奇特物品,生日派對也以驚喜的方式進行安排。

INTJ

INTP

NT

我是「夏洛克・福爾摩斯」

ENTP

ENTJ

NT 氣質的特點

直覺型（N）＋思考型（T）

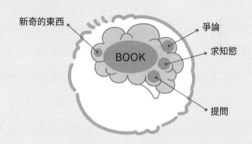

新奇的東西

BOOK

爭論

求知慾

提問

　　MBTI 的十六種類型可以被區分為四種不同的氣質（SJ、SP、NF、NT），每種氣質包含了四種類型，其中的 INTJ、INTP、ENTJ、ENTP 類型通常會被稱為 NT 氣質，因為這四種類型都包含了 N 和 T 在裡面。

　　NT 氣質的特點是什麼呢？在直覺（N）和思考（T）的罕見結合之下，彼此相異的特點因而重疊在一起，他們的大腦能夠進行驚人的運轉，同時又具有夢想家的一面。他們是冷靜的，卻又容易陷入想像的世界。

　　有聰明的腦袋就夠了，甚至還有豐富的想像力？

雖然大家會懷疑這種人是否真的可能存在，但確實是可能的，所以他們比任何一種氣質都還要聰明，在這些類型中有很多理科生或IT相關企業家也是其特點之一。

如果看過英國電視劇《新世紀福爾摩斯》，就可以清楚地看到NT氣質的特點。福爾摩斯擁有驚人的推理能力和分析能力，只是如此一來，他完全不在意其他人，也讀不懂別人的情緒；此外，他堅持的生活方式總是以自我為本位，執著到接近於怪人。在第一集中，華生打開了福爾摩斯寄宿處的冰箱門，結果卻發現實驗用的人類頭顱，這讓他嚇了一大跳，但福爾摩斯卻對於把家用冰箱使用在這種用途上泰然自若。當然，對於朋友驚訝的樣子，他也表現得很冷淡。

NT氣質最討厭的事情就是「按照別人的想法過生活」。腦袋聰明是他們與生俱來的特質，他們的願望其實就是希望自己能比別人更出色，想用自己的雙手解決這個世界上所有的疑難雜症。

福爾摩斯對個人名聲或財富累積並不感興趣，他是在「解決事件」這件事本身感受到樂趣並沉浸其中。

屬於NT氣質的類型在別人專注於生產性的工作時，會將所有精力投入看起來與效率完全無關的大腦鬥智上。他們會在交談時解謎，藉由辯論找到更好的答案，以戰略性的方式解決混亂的複雜情況。

他們只是「喜歡用腦的一群人」，所以喜歡開玩笑，會說些黑色幽默，也善於詼諧和諷刺的言詞。若說SJ氣質的特色是「碎碎念」的話，那麼NT氣質的特色就是「吹毛求疵」了。

就像福爾摩斯對人類很冷淡一樣，NT氣質的弱點就是與他人之間的互動較為淡薄，而且比起和別人合作解決事情，他們更傾向於自己解決問題。

他們是優秀的人，但相對的也總是會把自己上升到主角的位置，將其他人降格到「只是身邊的那種普通人」。與此意思相似，他們非常討厭「無法溝通的人」，這裡的「溝通」不是日常生活瑣事的閒聊，而是指學術性的對話或與興趣相關的專業話題。儘管完全不會有什麼實際產出，但對他們來說，能夠徹夜分享知識方面有趣話題的人是很棒的朋友。和他們會很合拍的類型是直覺感性型的NF氣質，還有和自己一樣是直覺思考型的NT氣質。

NT是優秀的偵探，但如果他們除了事件本身之外，也能努力了解其他人的感受的話，就可以成為更有魅力的偵探。

INTJ

~~~~~~ 吉力馬札羅山的豹，INTJ ~~~~~~

　　在海明威的小說《吉力馬札羅山的雪》中，有一隻豹攀上非洲第一高峰吉力馬札羅山，這隻豹孤身躺在終年積雪的山頂上，但牠的身影看起來堅毅而不孤單，牠也許是出於某種目的才會克服一切難關，踏上吉力馬札羅山的雪地。堅定地走在自己希望的道路上，無論面臨了多少暴風雪抑或是冷冽的寒風，也不會停下腳步的孤傲之人，有如一隻優雅且堅強的豹的人，如果要將他歸類進MBTI類型裡的話，會最接近哪種類型呢？

　　正是INTJ類型。INTJ是所有類型之中最獨立的，對於自己想要的是什麼、將要走往哪個方向都獨具慧眼。他們不會受威權或名聲所左右，不管他們在亞熱

帶叢林中活得有多好，如果他們的心之所向是長年積雪的冰山高原，那麼即便是賭上性命，也會穿越雪地攀爬而上。

吉力馬札羅山的豹
INTJ

　　此外，INTJ類型並不是單純的哲學家或唯心主義者，他們更接近於「反抗者」。他們很樂意傾聽實力比自己強的人的話，也願意承認自己的錯誤，但若面對的是沒有能力卻基於習慣或地位而試圖漠視自己意見的人，他們則會與之對抗。而會在現實的人際關係中感受到無所適從的挫折感的，也是INTJ類型，因為其他人沒有表現出像自己一樣不斷尋找答案的一面，也沒有表現出具有邏輯性和系統性的思考能力，這可能會使他們覺得與他人的日常對話是乏味的。

　　總而言之，INTJ類型表面上看起來只是個聰明的「知性男／女」，但內在則是個充滿反抗精神且獨具慧眼的人。

#學術性#能力者#獨立的#思考家#分析家#個人主義
#整合#思考能力#自信#隨我_意願#完美主義
#獨創的#自豪#合理的

　　INTJ類型的知名人物有Facebook創辦人馬克‧祖克柏、思想家卡爾‧馬克思、科學家史蒂芬‧霍金、科幻小說家以撒‧艾西莫夫、宗教改革家馬丁‧路德、詩人兼哲學家弗里德里希‧尼采等。這些人的共同特點是，他們不會遵循別人創建好的既有框架，而是會費盡心思創造出屬於自己的理論世界或作品世界。

　　與其他類型相比的話，可以更清楚地了解INTJ類型的特點。

和INTJ類型相似的INTP類型
兩者會成為什麼關係呢？

　　當INTJ遇到INTP時，彼此都可以愉快地和對方相處。
　　INTP的靈活及從容的本質與INTJ偏好整理的個性可以形成互補，再者這兩種類型都喜歡智力方面的遊

戲，所以可以一起玩益智遊戲或進行討論來打發時間。這兩種類型的興趣愛好也很相似，因此他們共度的時光都是非常值得的。

- 與智力有關的共同活動 -

INTJ
偏好整理

INTP
靈活、從容

INTJ 類型和 ISTJ 類型
乍看之下有哪些相似點呢？

遠離人群獨自一人、具有邏輯思維與分析能力、極其善於整理。

不過，要是稍微再靠近一點觀察這兩種類型的話，就會發現極大的差異。比起動手，INTJ 反而是屬於先動腦的類型，大部分時間都獨自埋頭於思考與研究之中，ISTJ 類型則是會一絲不苟地解決現實生活中的瑣碎事項。INTJ 會沉浸於思考之中，然後創造出這個世界上不曾存在的創意「作品」；而 ISTJ 則會投入現實的

事務之中，致力於使這個世界變得更加和諧有序。

當 INTJ 類型遇上性格完全不同的 ESTJ 類型 會變成什麼關係呢？

　　INTJ 類型是不喜歡SJ氣質的，NT 氣質最討厭的就是無條件遵循傳統、附屬於群體之中，而跟隨傳統和習慣恰好就是SJ氣質的代表特色。ESTJ 是務實和保守的類型，從某種程度上來看，這兩者之間的關係就如同「與敵人同床共枕」。

ESTJ
務實的、保守的

INTJ
理想主義

　　但事實上，ESTJ 類型與 INTJ 類型一樣，都是屬於有計畫、有理性、有邏輯的類型，在強烈的責任感這一點上也是相通的，因此只要他們彼此在邏輯層面上合拍的話，INTJ 和 ESTJ 是可以處得非常融洽的。ESTJ 對現

實的感知可以成為INTJ的強大保護網，再加上ESTJ與INTJ不同，他們具有優秀的執行力，在社交生活中也是人際關係的王者，因此能夠彌補INTJ所缺乏的社交能力，成為對方很好的夥伴。

展現此MBTI特質的書名————————

● 薩繆爾‧貝克特《等待果陀》
● 柏納‧韋柏《相對知識與絕對知識百科全書》
● 弗朗西斯卡‧穆里《喜歡獨處：全心專注於自己的生活》[21]

---

21. 此處以韓文書名翻譯，原文作者為Franziska Muri，原文書名為《21 Gründe, das Alleinsein zu lieben》，直譯為《喜歡獨處的21個理由》。

再多了解 INTJ 一點吧！

INTJ 的人際關係

- 喜歡智力方面的辯論。
- 嘴裡說著刺痛對方的批判言語，同時還會在心裡讚嘆自己可以洞察核心。但若是成熟的 INTJ 類型，會因為團體生活中的各種原因而變得更加謹慎，因此在和他人對話時多數會變得小心翼翼一些。
- 不擅長言語表達。
- 因為無法毫無隔閡地和身邊的人相處，所以常常會讓人覺得他們是個人主義又無趣的人，再加上他們偏愛過於深奧和嚴肅的話題，所以 SP 氣質可能會覺得 INTJ 類型很累人。

INTJ 的生活方式

- 在實感、理性、情感、直覺中，屬於直覺尤其發達的類型，因此總是會不知不覺散發出像是漫畫或小說主角的非現實感。看上去玩世不恭、聰明，但也不知為何會顯得與世界有些脫節。
- 雖然話不算多，但因為邏輯和語言表達能力出眾，所以具備優秀的傳達能力。

- 對於自己負責的工作盡心盡力且嚴格。
- 日常生活中既不乾脆俐落，甚至還有些鬆懈散漫，會一再反覆出現小失誤，常常會發生「不是啊！這麼聰明的人怎麼會連這個也不懂？」這種令人大吃一驚的情況。
- 對於每個人都知道的現象或事件不太感興趣。對於不感興趣的事情，連0.1秒都不會浪費。
- 訂立計畫並按照計畫執行，並且能從這個過程中感受到快樂。
- 雖然看起來很冷靜，但內心比外表看起來還要深沉。如果有正當理由的話，甚至可以毫不吝嗇地花費大筆金錢。
- 雖然是個人主義，但是並不自私。

INTJ 的戀愛觀

- 無法輕易陷入愛情之中，如果覺得受到吸引會心跳不已，但一旦看到對方出乎意料之外的一面時，很常會因為感到失望而關上心扉。
- 即使只有一個人也能度過十足幸福的獨處時光。與其和戀人維持著不舒適的戀愛關係，更多時候寧願選擇獨自享受愉快的時光。
- 不管是再怎麼喜歡的對象，如果對方試圖干涉自己的時間安排，都同樣無法忍受。
- 即使是戀人關係，也喜歡保持適當的距離。
- 如果是已婚夫妻，除了一起相處的時間之外，也希望能夠擁有各自的房間及可以獨處的時間。INTJ 類型如果無法擁有獨處的

時間，可能會變得較為焦慮和敏感。

INTJ 的交友關係

- 與他人親密無間且毫無保留的相處方式會令他們感到不自在，特別是和務實又情感豐富的類型（SF）在一起時，常常會感到十分疲憊。
- 沒有什麼事情時，即使是朋友也不會刻意聯繫。
- 和朋友一起逛街或坐在咖啡廳閒聊好幾個小時會讓他們感到疲憊和無聊。
- 不想刻意談論私事，也不會想要聽別人講什麼故事，只有在彼此的興趣與愛好一致時才會和別人相處，這種時候會分享很多話題，甚至連一起相處的時間也會感到幸福快樂。但即便如此，他們還是幾乎不會邀請朋友進到自己的個人空間，只要在外面聊天就很滿足了。

INTJ 的好惡

- 認為「能力是基本」。
- 厭惡面對不合理的現實狀況時仍然草草順從著過生活的態度，認為自我判斷及根據主觀想法行事是很重要的。
- 會被擁有專業知識的人所吸引。

- 能在獨處時獲得能量。

- 當他們深入挖掘一個知識時，會從根部綜觀到整個森林，甚至連和周遭環境的交互作用、宇宙整體，都會一起進行分析，而且會為了理解一件事情，一起學習與之相關的所有周邊知識，甚至能創建出自己獨有的傑出理論。

- 不喜歡和自己妥協。對他們來說，別人的認可並沒有太大的意義，由於他自己的價值標準很高，因此直到達到自己可以接受的程度之前，他們都會不斷地深入探究下去。

INTJ 的工作方式

- 具有開放的思維與視野，不會一味地固執己見，具有願意接納並學習多種意見的開放心態。

- 若在給予一定程度的自主性且可以接受獨到答案的環境工作，工作效率會隨之提高。但如果每件事都會被干涉，只能按照上級的指示行動，這樣的職場環境會讓他們很快就失去動力。

- 如果是像接聽電話這種具有重複性且需要不斷與人進行互動的工作，對他們來說可能是地獄。

- 非常適合開發或創作相關的工作，他們具有創造力及改革創新的一面。

- 即使是上班族，也經常會在午休或下班後擁有屬於自己的獨特時間，像是聽音樂、看書、沉思或獨自散步等，他們需要一段可以脫離日常工作、讓心靈獲得休息的時刻。

INTJ 類型的煩惱是？

每當談論到我喜歡的領域時，大家都會說很無聊又很困難，好像只有我關心的事情和其他人不一樣。我覺得像別人那樣閒聊和逛街很累人，是我太缺乏社交能力了嗎？

 小精靈瑪莉夢的建議是？

　　你應該也感覺到了，你的弱點就在於親密的人際關係，你屬於不太會另外安排時間與他人相處的類型。老實說，朋友不多似乎也不是很重要，只是人類是種無法獨自生活的生物，多加了解後就會發現，即使是看似強大的人，偶爾也會需要有個人可以依賴，而這正是關鍵所在。

　　獨自過著完美的生活看起來很棒，對於自己的生活沒有什麼不滿、過得悠然自在，我不認為這有什麼大問題，畢竟這也是你的優點之一。不過，試著想想小說中在吉力馬札羅山雪地裡凍死的豹，假如豹在上山之前曾經與其他對象討論過，或是有遇到可以幫助自己的夥

伴，牠就不會在山頂上變成冰塊了。我理解你的心情，互相以知識進行交流，結識可以溝通的人並從中感受到喜悅，那將會是多美好的事情啊，只要是直覺類型的人，不管是誰都一定能理解其中的快樂。但是，人類愛與被愛的理由有很多種，並不是非得要很有能力又聰明得完美無缺才能吸引人和被人所愛。

希望你能夠明白，即使能力不出眾也可以獲得喜愛，如果你也能毫無理由地愛上別人那就太好了。希望你不要太把人際關係局限住，我擔心當人際關係變得越來越狹隘，你會在某一瞬間變成死心眼的人。讓你感到為難的部分是應對「閒聊」的方法對嗎？人生在世，總會有許多人聚在一起聊著無意義的事的時候，而你也勢必會遇到不得不身處其中的瞬間。

我希望你不要把閒聊想得太過認真，閒聊不過就是話語的流動，如果你試圖從中發現某種規則或一致性，想要找到問題的正確答案，你會變得很累的。其實大家並沒有在思考結論，就只是在閒聊，只要有話題就好了。現在，我要教你幾個閒聊的小技巧。

首先，你可以把流行趨勢、熱門話題、幽默相關

的閒聊當作一種「開放式結局」去聽，反正那些都是沒有結論也會進行下去的話題，就算主題突然變了，也不要被那快速的轉變速度嚇到。如果你覺得很難給出適合的反應，可以原封不動地將對方的問題反問回去就好，這樣對話就會繼續進行下去了。若是有誰問起你的想法，盡量回答得簡短一點、輕鬆一點，因為這是聊天的基本，無論什麼話題都是輕鬆愉快的，就像是在吃速食一樣，只要在當下把美味的話題消化掉就好。

　　希望你能另外結識可以和你進行真摯對話的朋友，或許那位朋友也因為想要談論專業的主題而心癢難耐，如果能遇到這樣的朋友，你在輕鬆的社交聚會中就不會那麼難受了。哪怕只是小型聚會，只要能結識可以和你針對同一個主題進行深度交流的朋友，你的人生將會變得更加豐富且穩定，希望你一定要遇到這樣的人。

和 INTJ 類型變親近的方法

- 帶上某個難題去找他，然後說：「我想試著以一個全新的角度來解決這個問題，該怎麼做比較好？」拋出問題，如果是複雜的理論問題那就更好了。

- 工作上最好是以文件進行溝通，頻繁的電話或當面對談可能會讓他們感到不適。

- 在變熟之前，避免詢問涉及私人生活的問題。

- 討厭用電話閒聊，務必只在必要的時候才打電話，打電話後也只要簡單說明要處理的事情就好。

- 由於他們是會不斷尋找新知的人，所以如果能介紹或分享 INTJ 類型原本不知道的新知識，就會受到他們的歡迎。

- 並不會因為毫無意義的誇讚而感動，所以盡量避免過度恭維。如果 INTJ 類型本人對自己並沒有那種感覺的話，那些稱讚反而會讓他們感到不自在。

- 贈送過多物質上的禮物是毫無意義的，INTJ 類型中重視精神價值的人很多，昂貴的禮物會讓他們感到負擔，他們也不會因此而信任贈送那些禮物的人。

INTP

~~~~~~ **透明人哲學家，INTP** ~~~~~~

　　當全世界的人都在享受派對的時候，卻在角落埋首於自己的研究之中的天才。對世事漠不關心，但卻想要在自己有興趣的領域成為最頂尖的人。這就是INTP。

　　你身邊有這樣的人嗎？付出比別人還要少的努力卻得到驚人成果的人；擁有「閃亮亮」大腦的人；不知為何看起來好像不會走上別人走的道路，看似神祕又聰明的人；獨自埋首於某件事時，看起來對其他任何事情都不感興趣，展現高度專注力的人；因為專注的主題與其他常見的主題或素材完全不同，所以有時候看起來像四次元的人，但又不會顯得輕浮或像在開玩笑，是真的對自己很認真的人；是隱士，會沉浸在空想中，不太善

於整理，但又帶著難以言喻、屬於他自己獨有的光環，具有像是「瘋狂科學家」的一面，看起來很厲害的人；有時候像怪人，有時候又像不屬於這個世界的天才。這就是INTP類型。

孤獨的天才 INTP

INTP類型的知名人物包括榮格（精神分析心理學者）、比爾·蓋茲、愛因斯坦、達爾文、蘇格拉底，虛構角色則有《駭客任務》的尼歐、《死亡筆記本》的L。

只有 I 和 E 不同的 INTP 類型和 ENTP 類型
有哪些方面不一樣呢？

ENTP和INTP類型都不會在意社會常規或世界的關注，聰明到不會渴望別人的認同，經常在自己的領域

中產出驚人的獨創成果，還具有善於反駁不符合邏輯的理論這一特點。

創意的

可以用一段有趣的形容描述 ENTP 和 INTP 的差異之處：ENTP 類型會因為想證明「我是對的」而進行爭論；INTP 類型則因為想證明「你是錯的」而和人爭吵。

無論如何，NT 氣質在知識方面都具有旺盛的好奇心，他們追求有深度的知識，不可避免地會使用「辯論」這個工具。只是他們太常因為真的很好奇而問其他人：「為什麼會這樣呢？」導致身邊的人會感到很混淆，搞不懂他們這種態度是真的在發問還是想和自己吵架，因此可能會覺得不肯適度給予認同、執意爭論到底

的INTP是具有攻擊性的。

#天才_自豪#裝酷之鎚$_{22}$#批判性#浮雲#無心
#貴賓狗#貓頭鷹#存疑的#閃閃發光#my_way
#明朗的_事實轟炸

　　總而言之，INTP類型外表上看起來是具有獨創性
且「做自己」的分析家，內在則是想要成為透明人，隱
身於人類世界的思想家。

　　與其他類型相比的話，可以更清楚地了解INTP類
型的特點。

透明人 INTP

22. 原文為쿨몽둥이，是由「cool」和「棒子」結合的詞語，意指用
　　來打裝酷或裝灑脫的人的棒子，用於表示「不說出真心話、說話
　　虛偽的人就該挨打」的情境。

INTP 類型和 T-F 不同的 INFP 類型
有什麼共同點和差異點呢？

　　這兩個類型都有拖延事情的傾向（P），而且都具有豐富的想像力，腦海裡總是飄著天馬行空的想法這一點（N）很相似，因為偏內向（I）的關係，在人際關係上較消極被動也是雷同的地方。

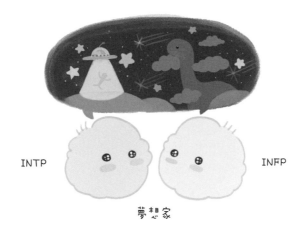

INTP　　　　　　　　　　　　　　　INFP

夢想家

　　兩者決定性的特色可以從主要功能的差異中找到答案。INFP類型的主要功能是使用情感（F），次要功能則是使用思考（T）；INTP 類型則相反，他們的主要功能是思考（T），次要功能是情感（F）。

　　因此，INFP 會在情感方面展現出玻璃心的一面，

而 INTP 則會表現出鋼鐵般的意志。當 INFP 遇到不如意的事情時，可能會先開始掉眼淚，但 INTP 會試圖從邏輯上反駁對方。

INTP 類型和 P-J 不同的 INTJ 類型
有什麼點相像，又有什麼點不同呢？

這兩種類型都是 NT 氣質，都強烈地想要透過自己的實力得到智力上的評價，兩種類型都享受知識上的探索與實驗，在不切實際的方面也是相像的。

如果要說有什麼區別，那就是在「整理」上的差異。INTJ 擅長整頓周遭事物，但 INTP 卻特別不擅長整理。

只要一產生新想法他們就會進行各種嘗試，家裡總是散落著書籍、筆記、解謎道具和各式各樣神奇的器具，整理是之後才要考慮的事情。當然，他們在這個過程中，也可能在某個瞬間發現別人沒能發現的驚人成果。

INTJ   INTP

必須要好好照顧 INTP 才行

ISTP 類型和 INTP 類型
有哪些部分不一樣呢？

　　INTP 類型和 ISTP 類型都以思考能力（T）為主要功能，情感能力（F）為次要功能，因此這兩種類型都不太善於對別人的感受表現出同理的反應。一下說他們冷酷，一下又說他們無情，可能會受到這樣的誤解。

　　但對他們來說，他們只是覺得在那個狀況下，與其對對方的感受表達同感或說出自己的情緒，更重要的是做出理性的判斷或從邏輯上找到最佳解。如果在邏輯層面被說服，他們也有坦率的一面，會比任何人都更快速地承認自己的錯誤。

　　這兩種類型在人際關係中都不太擅長表達無微不至的情感，但這並不代表他們不會感到孤獨，只是他們比起其他人更能享受獨處的時間而已。

懶洋洋

兩者都偏懶散，但INTP類型再稍微自由、樂觀、悠哉一點，而這是因為INTP對現實世界的警戒心非常低的關係。

　　INTP是那種在做喜歡的事情時，可能會連吃飯、運動、睡覺都忽略的類型，雖然身體還在現實世界，但大腦早就已經飄到另一個世界了。相反的，ISTP只是因為嫌麻煩而沒做出反應而已，但他們還是能敏銳地察覺周邊狀況的變化。

　　相較於INTP，ISTP類型顯得更加實際，也更擅長運用身體，擅長細緻的手工藝，操作機器或事物的技能也很靈巧。

展現此MBTI特質的書名————————————

● 金素妍《數學家的早晨》
● 曾野綾子《舒服做人的方法》[23]

23. 此處以韓文譯名翻譯，此書原文書名為《いい人をやめると樂になる 敬友錄》。

INTP 的人際關係

- 不會參與社交聚會，就算出席了也常常在想別的事或做其他事情。
- 雖然腦袋裡想得很複雜，但常常會表達得簡單明瞭。
- 經常會忘記重大的約定、紀念日、儀式。
- 對於邏輯性的問題，尤其是就政治或宗教相關的主題發生口角時，可能會演變成激烈的邏輯爭論。
- 對其他人的情緒感受通常是較為遲鈍的，有時會不假思索地（同時還在感嘆自己那天才般的指責行為）說出可能會讓別人受傷的話。
- 小時候想到什麼就說什麼的 INTP 類型會在隨著年齡增長、過得更放鬆後而產生變化，「成熟的 INTP 類型」會先預測對方能夠接受的程度再小心謹慎地說話。

INTP 的生活方式

- 會在隨便一張紙上寫下想到的事情，然後再隨便丟到一個抽屜裡保管，等到之後想要找需要的東西時，就必須翻遍堆積的眾

多紙張才行。真要開始翻找時,又會因為覺得麻煩就直接堆放著,以後也不會再拿出來翻閱。但即便是如此,如果家人動到這些「資產」的話就大事不妙了。他們對於自己的點子有一定的執著,與活躍運轉的大腦成反比,INTP類型的整理能力和執行能力是呈下降曲線的。儘管如此,INTP仍然堅信自己總有一天會將那眾多的筆記們全部整理好。

- 就算從事戶外活動,也經常選擇像是獨自露營這種主要是一個人進行的嗜好。
- 全神貫注於某件事時,甚至會忘記洗澡或打扮自己。

INTP 的戀愛觀

- 因為他們太過喜歡分析了,甚至連人類的情感也可能成為分析的對象,要是收到愛的告白,他們的腦袋裡最先浮現的可能是一個問號,然後冒出:「到底為什麼會是我?」這種想法。
- 屬於不太會聯絡戀人的類型,也經常會在做其他事情時忘記查看文字訊息。
- 如果被要求每天早晚重複說「我愛你」,很快就會感到厭倦。
- 如果子女是INTP類型,那麼即使小時候也不怎麼想被媽媽擁抱。要讓INTP類型的小孩「親一個」是比想像中還難的事,包含肢體接觸在內,他們並不熟悉溫柔的愛意表達方式。
- 隨著社會經驗的累積,會轉變為「社會化的INTP類型」,在這種情況下,他們會變得像是情感(P)型一樣,表現出溫柔體貼又細心的一面。

- 對於另一半通常是忠誠且願意付出的，也會有深陷其中的情況。

INTP 的交友關係

- 「聊天的頻率」必須要對得上才能成為朋友。
- 與他人接觸過多時容易感到厭倦，只要有幾名志趣相投的朋友，就不需要有太多朋友了。
- 向 INTP 類型徵詢意見時，經常會給出乾脆俐落的答案。雖然自我主觀意識也很明確，但他們仍然能給出客觀、合理、不受感情影響的最佳解。
- 雖然要與 INTP 類型成為朋友很困難，但一旦變親近了，就沒有比 INTP 更有趣、新奇、獨特，又不讓人感到負擔的朋友了。他們展現的是心意而不是形式，誠實直率而不虛假做作。

INTP 的好惡

- 不論是興趣、學問、新事物還是什麼，只要迷上某樣東西，就會展現出執著的一面。
- 專注於自己喜歡的事情，對於不喜歡的事情就一點也不在意。
- 不在乎流行趨勢，即使是每個人都知道的事情，只要他本人沒興趣就會完全不知情。
- 在做自己喜歡的事情時，就算有人在一旁攀談也聽不進去，連

旁邊曾經有誰在都不記得。

- 對專業領域感到自豪，當那些一無所知的人在專業領域上找碴時，他的內心就會燃起一把火，準備好進行戰鬥。

- 說他們腦袋聰明或提出了新奇的創意點子，收到像這種與頭腦有關的稱讚時會很高興。

INTP 的工作方式

- 所有類型之中，他們天生在思維及語言方面具有最精確的能力，其中也有許多科學家或作家。

- 因為他們有豐富的點子，所以常常能提出新奇的解決方案。

- 能夠從批判性的角度精準地釐清問題。

- 單獨作業時比團隊合作還能收穫更多成果。

- 比起公司生活，更適合從事個人的職業；就算是在公司上班，也比較適合進行研究，或是進到保障個人自主性、不會有過多干涉的職場環境。

- 可能會在整理帳簿、記錄銷售情況等需要仔細檢查的工作上頻繁出錯。

INTP 類型的煩惱是？

當我全神貫注於某件事時，什麼都看不見，而且會想鑽研得更深入。相較於與人相處，我更常沉浸在自己喜歡的事情中，這樣也沒關係嗎？周圍充滿了資料和便條紙的我，該怎麼辦呢？

 小精靈瑪莉夢的建議是？

你很清楚你的創意發想很棒，但你在彙整這些點子的能力很差，對吧？

但是沒關係，不要想試圖做好自己不擅長的事情，只要把擅長的事情做好就行了。建議你可以向擅長整理且性格務實的人尋求幫助，只要你不再只是嘴上說「一定會處理」但卻無止境地拖延下去就好了，畢竟誰也不知道處理那件事的過程中是否會冒出什麼厲害的東西啊。

不只是用腦袋想，還要實際去嘗試些什麼。只要能夠這麼做的話，你或許會變得比比爾‧蓋茲還要有名也不一定，雖然變有名應該不是你的人生目標就是了。

若是能在社會上施展你的才華，那就再好也不過了。

　　你擁有驚人的專注力，一旦投入了就會堅持到最後不是嗎？甚至是到了不睡覺、忘記吃飯的程度。如果你的職業與運動無關，那想必你也幾乎不會另外安排時間去運動或散步。

　　你比其他人更常「宅在家裡」，所以也有很多人會說你是「山頂洞人」。在我看來，你也有點像是「透明人」，雖然存在於這個世界，但不知怎麼地卻又像是不存在一樣，可能是因為很難在聚會或團體的人群之中見到你，也可能是就算你真的和別人待在一起，你也不太會參加熱鬧的活動的關係。

　　總之，我想給你的建議是：「鬧鐘」與「使用身體」。

　　不管你獨自一人在進行多麼有趣的事情，都建議你定期設置好鬧鐘，每當鬧鐘響起時，看是要做個伸展活動、查看訊息及社群軟體通知、稍作休息、吃東西，這些都可以。自己要建立規律，兼顧營養、休息、運動和睡眠才行，照顧好自己的健康是很重要的。據說如果太少使用身體，或者肉體和心靈達不到平衡時，得到憂

鬱症的風險也會隨之提高。

　　要麼出家門繞一圈，去遠一點的便利商店再回來；如果有養狗的話，要麼就去散個步；不然也可以去體育館，把身體泡在冷水裡游個泳。試著花時間在不同於平常的事情上，如果有養貓的話，記得一定要抱抱牠，也很推薦你找玩具暫時陪牠一起玩一下。如果你能更懂得肢體接觸帶來的幸福感，那似乎也是不錯的。

和 INTP 類型變親近的方法

- 第一次見面時不要表現得過於親近，普通應對就好，稍有不慎可能就會被認為太虛偽。
- 與其從情感面接近對方，不如透過激發好奇心或求知慾會更好，像是一起花時間挑戰益智遊戲（越困難的問題越好）、卡牌遊戲、下棋等，這樣就可以變得更加親近。或者討論像是「薛丁格的貓究竟是活著還是死了？」這類「雖然很困難，但對日常生活毫無用處」的命題並得出結論，也是很好的方法。
- 針對 INTP 類型有自信的領域提問，然後睜著閃閃發亮的眼睛，一臉感動地聽他們說話，聽完後對他說：「你真的懂好多喔，真是個天才！」
- 因為他們很容易忘東忘西，最好能在一旁幫忙注意包包、錢包、手機、約定的時間等瑣事。

ENTP

~~~~~~ **愉快的猴子，ENTP** ~~~~~~

　　擁有好身手的猴子在樹木之間跳來跳去，吃著香蕉，一邊心不在焉地理毛，一邊嘻笑玩鬧咯咯地笑，有時還會起身對抗成群的侵略者。ENTP類型的形象就有如這樣多才多藝的猴子。

　　他們表面上看起來是樂觀的，腦袋裡則充斥著玩世不恭的思維；他們像是個毫無根據的樂觀主義者，但其實一直不斷地在分析周圍的情況；他們雖然正在笑，但實際上已經大致掌握住對方的情況了。或許正因為如此，他們是屬於比外表看起來還要更加慎重的類型。

　　ENTP類型的腦袋中總是會不斷冒出各式各樣的創意點子，可惜的是，其中大部分都是在現實中難以實現

的發想。不過他們確實是比任何人都還擅長提出優秀點子的人，他們最不擅長的就是將自己的點子付諸實行。就像是INTP類型同樣缺乏執行力，常常在創意發想階段就難以進行下去，而ENTP類型也是如此，一般來說不會採取積極的作為，常常只是覺得想出點子並進行構思這件事本身很有趣而已。

腦袋裡充滿
創意點子的ENTP

這種類型的人不太能忍受無聊，在感覺到無聊的瞬間，他們就會像猴子一樣立刻跳到另一根樹枝上。他們同時也熱愛自由，難以忍受被干涉或被制約，而且還有善變及不受控的一面。雖然外向，但獨處時還是能自己玩得很開心；雖然善於制定計畫，但也很衝動。他們可能會喜歡某件事喜歡到一半，又馬上傾心於另一個領域。看似充滿活力，但其實有些懶散。此外，他們也愛開玩笑。看起來很活潑，但其實只是不想被別人發現疲憊的樣子，所以就算覺得累了，也會裝作若無其事。不具權威性也是他們的優點之一，他們就算和十歲的孩子

也能成為朋友，只要能在彼此對話的過程中感受到喜悅，就算是年紀小的人也能被他們當作朋友對待，他們是不受階級、年齡、性別、地位所限制的。

有時他們也會被說具有電影裡充滿魅力的「反派角色」特質，而電影中的ENTP類型則有《黑暗騎士》裡的小丑、《復仇者聯盟》裡的「鋼鐵人」東尼‧史塔克、《神鬼奇航》裡的傑克‧史派羅船長等。

#口若懸河#八面玲瓏#做自己#Idea Man#斜槓
#興趣_富翁#變化#嘗鮮者#口才

總而言之，ENTP類型在外表上看起來是快樂、自由、多才多藝又健談的人，內在則是以各種點子武裝起來的分析師兼理性主義者。

ENTP對於毫無邏輯、創意點子貧乏、儒家思想、虛偽是排斥的，他們最討厭的類型就是做事堅持按照舊有的方式且缺乏彈性的人，也很反對老古板的行事風格。所以也有人說過，要是ENTP類型出生在朝鮮時代的話，他們就會是「對君王只說實話，結果被流放的領議政$_{24}$」。這完全是有可能發生的事情。

與其他類型相比，可以更清楚地了解ENTP類型的特點。

ENTP 類型和 T/F 相反的
ENFP 類型的關係如何呢？

當 ENFP 陷入愛情中感到痛苦時，ENTP 可以寫出一本關於愛情的書，或者創造出某種以愛情為主題的發明。

ISTJ 類型和 ENTP 類型
有什麼不同呢？

端看這兩種類型，T 是共通的，但其他字母全都不同，因此他們看起來幾乎是天差地別。

ISTJ 類型會按照計畫花錢，是精打細算的人，所以就算是再怎麼想要買的東西都會猶豫不決，他們是有原則的人，而且覺得按照一直以來的方式做事才舒適自在。相反的，ENTP 則是會在做自己的路上奔跑，他們的好奇心超越了很多事情，他們不害怕變化和挑戰。

如果將 ISTJ 比喻為勤奮將糧食咬進倉庫裡保管的松鼠，那麼 ENTP 就是邊展示才藝邊環遊叢林的「旅猴」。ISTJ 可能會覺得專注於娛樂、表演、才藝發展的

---

24. 朝鮮王朝最高行政機構議政府的首長，負責輔助國王、統領百官。相當於中國的丞相。

ENTP是不切實際的；而ENTP可能會認為只埋頭在同一個區域反覆來回收集食物的ISTJ過著乏味的生活。

ENTP 類型和 ISFJ 類型
有什麼差異，又可以提供什麼幫助呢？

將所有字母完全相反的ISFJ和ENTP做比較的話，你會發現這兩種類型彼此之間是互補的。ENTP看似什麼都很擅長、什麼都處理得很好，但卻不夠精確和仔細。這就跟你很難想像一隻摘了香蕉吃的猴子會乖乖把香蕉皮丟進垃圾桶裡一樣。

以細心體貼為特質的ISFJ，對於冒失又不擅長處理瑣碎小事的ENTP來說，正好可以成為一個完美搭檔。

擅長爬樹的猴子 ENTP

猴子也會從樹上掉下來

相對的，ENTP 具備開闊的視野，是能夠看得更遠的類型，若將細節部分交由 SJ 氣質負責打理，這兩種類型就可以建立良好的夥伴關係。和 ISTJ 或 ISFJ 類型一起工作時，他們可以實事求是地好好完成收尾工作，也可以仔細地幫忙打理細項，對 ENTP 類型來說他們就是如同祕書一樣的朋友。

但是，如果 ENTP 類型是部下，而 SJ 氣質是上司的話，這種組合可能會導致衝突日益擴大。ENTP 類型討厭因循守舊的流程，對於傳統禮數或繁文縟節感到十分厭煩，萬一上司是 SJ 氣質的話，那他們必須在已經結構化的組織裡確保 ENTP 有一定程度的自主性，這樣 ENTP 才能夠在工作上尋找意義並全力以赴，否則的話，他們會失去對工作的興趣，也有可能完全無法集中精神，最終或許就會離開，去尋找另一棵香蕉樹。

展現此 MBTI 特質的書名

- 平田豐《常識以外的發明史：震撼歷史的 48 個發明故事》[25]
- 約納斯・約納松《爬出窗外逃走的百歲老人》[26]
- 米原萬里《文化遊記》

25. 此處以韓文書名翻譯。

26. 此處以韓文書名翻譯，此書在中國大陸出版之簡體書書名為《爬出窗外並消失的百歲老人》。

ENTP 的人際關係

● 在人際關係中不會在意別人的眼光,他們能在保持適當距離的同時又與周圍的人愉快地相處。

● 善於推銷自己,也能準確地洞察他人的需求。他們傾向於坦率地談論自己。

● 會說著「這也是有可能發生的」,理性地接受並理解他人。

● 不會嘮叨或干涉他人。

● 會不帶惡意地開對方玩笑或大剌剌地說出對方的缺點,儘管這樣看起來可能是直爽且坦率的,但初次見面的人可能會因為 ENTP 類型過於直接而感到不舒服。

● 事實上,他們喜歡逗弄熟悉的人並觀察對方的反應。

ENTP 的生活方式

● 如果有喜歡的物品就不會在意價格,會立刻買下來。

● 當新的電子產品出現或有新奇的物品上市時,最先做出反應的也是 ENTP 類型。作為早期採用者(Early Adopter),他們總是會被新鮮事物吸引,他們充滿好奇心,也有高度的求知慾。

- 他們會全心全意投入喜歡的事物或興趣之中，甚至願意花費大筆金錢收集模型或研讀古代書籍。他們經常會像「狂粉」一樣享受自己的興趣愛好。
- 就算是臨時抱佛腳也能取得不錯的考試成績。他們對於這樣的自己很滿意。
- 參加辯論比賽時，能夠包辦個人賽和團隊賽的勝利。
- 相簿裡有很多「獵奇的」搞笑照片。
- 雖然外向，但獨處時也能過得很開心，這種時候偶爾會令他們懷疑自己是不是INTP類型。

ENTP 的戀愛觀

- 遇到能夠分享自己「幻想的一面」和「智慧的一面」的對象時，能夠維持長遠且深厚的關係。
- 容易對津津有味地聽自己說話的人產生好感。
- 如果是重視儀式或紀念日的人，那麼最好是直接向他們要求一百天紀念日的慶祝禮物。他們雖然不是那種會主動準備的類型，但只要說出口的話，ENTP類型就會爽快地買禮物送對方。
- 對喜歡的人是積極主動的。
- 面對黏人、嘴裡總是嘟嘟囔囔、不會自我提升的人容易感到厭煩。

ENTP 的交友關係

- 如果說 ENTP 類型可以成為優秀的諮商師,有些人可能會想:「這像話嗎?」因為具有活潑形象的 ENTP 看起來似乎與諮商不太相配,但是多虧了合理的思維、直覺力、能遠觀未來的廣闊視野,他們總能提出絕佳建議。成熟的 ENTP 類型會認真地把對方的話聽完,也不吝於給出冷靜且真心的建議。
- 他們不會只在表面上裝好人,不會做出虛偽的行為。
- 雖然能夠很清楚地讀懂他人的意圖,但除非會直接對自己造成傷害,否則就不會插手過問。
- 不管走到哪裡都能交朋友,親和力十足。
- 即使在價值觀、宗教、政治、性格上存在差異,但只要不強行把自己的想法加諸在他身上,他們都會尊重對方。

ENTP 的好惡

- 當外向(E)和感知(P)特質越強,越容易對於沒有變化的環境感到痛苦。 ENTP 類型很難忍受重複的工作環境。
- 相較於大眾化的選擇,他們更喜歡自己去尋找自己想要的東西,在選擇音樂、電視節目或書籍時,他們也會尋找那些隱藏的佳作。
- 他們享受邏輯嚴謹清晰的說服過程,只要合理,他們本人也很樂意被說服。

- 討厭只會遵循表面形式的迂腐態度。

ENTP 的工作方式

- 就算很晚才開始動工，無論如何都會在截止前三十秒完成。看似只是隨便做做，但卻做得很好。
- 身為主管的 ENTP 通常不會逐一決定每個細節，而是偏好制定一個大框架，然後把剩下的都交給負責人處理。
- 喜歡的科目會認真學習，但不喜歡的科目就幾乎不碰。
- 如果分組做報告的話，會因為出色的分析能力、富有創意的想法、流利的口才和幽默感引發同學們的共鳴和讚嘆。
- 不管指派他們做什麼事情，都會比別人更快地掌握工作內容並迅速熟悉。即使換工作了也能快速適應。
- 可能過著「斜槓人生」，即使在上班也能擁有各種副業。基本上當然也是因為他們具有求知慾、能力強，主要更是因為他們有著不受習慣或成見束縛的自由精神世界。
- 無論什麼事情或職業 ENTP 類型都可以勝任。不管做什麼，只要是涉及與人交談的領域，八成以上的事務都能完美勝任。也可能成為發明家或政治家。
- ENTP 類型在做喜歡的事情時，不管要熬多少夜都可以，完全可以變成一個工作狂；但如果是要做討厭或枯燥的工作，他們就會刻意地避開。ENTP 類型的重點不在於他們能把某件事情處理得多好，而在於他們本人是否對那件事情感興趣。

ENTP 類型的煩惱是？

工作很無趣，壓力又很大，我明明是連變化多端的工作都能輕鬆適應的類型，但這次卻覺得很痛苦。我現在處於不能辭職的狀態，有什麼可以撐過困難處境的方法嗎？

 小精靈瑪莉夢的建議是？

　　你是一個非常清楚自己所做之事會在未來產生什麼結果的人，工作無趣卻還是不得不繼續做下去，遇到這種情況會讓你陷入矛盾狀態。因為你靠著驚人的直覺能力就已經能夠意識到，這份工作在將來也會這麼枯燥乏味，不只無法為你的精神層面帶來任何滿足感，而且也看不到未來的可能性。如果你覺得工作很無趣的話，那麼那份工作有很高的機率是必須按照上級的指令默默執行的工作，如果你必須繼續做下去的話會如何呢？

　　你會漸漸失去對工作的興致，變得敷衍了事，而且身體也可能因為壓力而生病。如果情況無法改變，也沒辦法逃避的話，你可能會失去所有愉快、爽快、

痛快的優點，變得消極悲觀，也可能會對周遭的人事物發脾氣。

　　所以，如果你真的無法擺脫這種狀況的話，務必至少在下班後保有一點個人的時間，希望你能意識到自己還有歡快的一面，不管處於怎樣的狀態下，都不要忘了你的優點，繼續堅持下去。

　　你雖然不是一個特別感性的人，但在NT氣質中，你已經算是最富有情感的類型了，饒有興味，也享受生活。當你感到憂鬱和情緒低落時，希望你能再多喚醒你的情感表現一點。結識情感豐沛的朋友，對於喚醒你體內的感性也是有所幫助的，彼此互相學習缺少的面向，就能讓各自都變得更加完美。希望你能遇到很聊得來的朋友，在感到難受的時候，成為給予彼此最大慰藉的人。

　　周遭的人對你的評價可能會很極端，因為你不是會事先做好準備的類型，也經常會犯下小失誤。當情況沒有好轉，又發生不好的事情疊加上去，就會出現各種狀況交織、無法控制的局面，你可能會因此被誤解，也可能受到負面評價，過去以來直率且爽朗的一面也可能被貶低成太過隨心所欲的「做自己」。

但是你陷入最糟糕境地的情況並不常見，因為你身邊有很多了解你的魅力和真心的人，萬一不好的情況找上門來，就當作只是運氣真的很不好吧。

　　如果你遇到了難以解決的問題而且無法脫身，那就暫時忘記那個問題，去享受屬於自己的時光吧。都會好轉的，因為你是個有能力的人，也是個很棒的人。

和 ENTP 類型變親近的方法

- 認可他們的領袖風範和能力。
- 忍住不要干涉他們或對他們指手畫腳。
- 當他們沉浸在某個點子或有趣的幻想中和你交談時,不要把那些當作不切實際的話題而無視。
- 給予他們個人時間。對於 ENTP 類型來說,他們需要沉浸在自己幻想中的時間。
- 約見面時要激發 ENTP 類型的好奇心和求知欲,像是去探訪新的地方、嘗試陌生的食物,享受一個獨特的約會。
- 聊各種不同的主題,最好是涉獵可以向 ENTP 提問和進行討論的各種知識,詢問他們:「你為什麼會這樣想?」然後試著說出自己的意見,說:「我是這麼認為的……」如此一來就能看見 ENTP 類型興奮的模樣。
- 如果你本人是小心謹慎、善於打理瑣碎事務、做事乾脆俐落的類型,那可以讓 ENTP 類型設定方向(繪製宏觀藍圖),然後由你幫忙打理細節,如此你們將會成為完美的夥伴。

ENTJ

～～～ 勝利的西洋棋手，ENTJ ～～～

　　想要在西洋棋對弈中勝出的話，必須要時時刻刻往前多想幾步才行。在棋盤上移動棋子的玩家必須擁有高度的專注力、聰明的腦袋、大膽以及自信心，只有在超越單純的經驗、發揮神來一筆時，才可以在棋局上取得勝利。

　　展現運用高超腦力的戰略，用神一般的技巧走棋，這樣勇敢無畏的玩家，若用MBTI類型來類比，會是哪一種類型呢？正是大膽的策略家——ENTJ類型。

　　ENTJ會計算和拆解每一步，恰到好處地安排棋子放在適合的位置，並在必要的時候配合局勢移動棋子。眼神銳利地緊盯對手的動向，時刻應對變化多端的棋局

當然也是必須的。

　　ENTJ 在許多面向都與 ESTJ 很相似。已經預約了康莊大道、長期以來都排名第一的 ESTJ 走到哪都是不可或缺的人才兼模範生，上學的時候課業成績出眾，畢業之後從事人人稱羨的職業，在工作上也非常有能力，有時候就像神力女超人或超人一樣，奔走於職場和家庭之間。

大膽的策略家 ENTJ

　　這麼說起來，ESTJ 和 ENTJ 之間到底有什麼區別呢？如果說 ESTJ 是工作能力很強的職員，那麼 ENTJ 就是很有「想法」的職員，這裡的「想法」意味著創意發想、策略、長遠的眼光。如果說 ESTJ 是個會細心打理當下應該要做的事項、做好確認工作並完成任務的老手，那麼 ENTJ 就是會在大腦裡展開棋盤，提前計畫好走法的類型。

工作能力很強的 ESTJ　　　有很多想法的 ENTJ

嚴格來說，ENTJ 類型是「善用大腦的人」，可以說他們是「實踐夢想和理想的人」，為了將自己的信念、野心、價值觀展示於世，他們有條不紊地將一到一百的過程進行彙整，並從一一處理的過程中感受幸福。

總而言之，ENTJ 類型表面上看起來是富有挑戰精神與戰鬥精神的悍將，內在則是個以宏觀的視角綜觀局勢的人。

#計畫#野心#證明#幻想#創意點子#反權威#確信
#自我_證明#衣錦還鄉#成功#目標#解決方案
#執行力#事業心#領導力#大膽

ENTJ 類型的知名人物有蘋果公司創辦人史蒂夫·賈伯斯、廚師高登·拉姆齊、柴契爾夫人、《三國志》裡的曹操、英國女王伊莉莎白一世。此外，身為西洋棋

冠軍、作家兼政治家的加里‧卡斯帕洛夫也是 ENTJ 類型。虛構角色中，則有《穿著 Prada 的惡魔》裡的主編米蘭達。

與其他類型相比的話，可以更清楚地了解 ENTJ 類型的特點。

比較一下 ENTJ 類型和 ENTP、INTJ 類型
他們有什麼不同呢？

「人死留名，虎死留皮。」最適合這句話的正是 ENTJ 類型。ENTJ 類型並不是會刻意留下名聲的類型，他們懷有抱負，也努力不懈。當然，並不是所有人的心思都像 ENTJ 一樣，所以當遇到懶惰或者做著其他事情的人時，原本的計畫可能會因此搞砸，他們心裡也會為此受盡煎熬。不過，就不屈不撓的意志來說，ENTJ 比那些人更勝一籌，即使已是孑然一身，ENTJ 也會完成自己想做的事情，所以他們終究會留下「美麗的外皮」。

INTJ 與 ENTJ 也有相似之處，他們都有自己的信念、毅力，也都足智多謀。ENTJ 類型會結識各式各樣的人，在其中扮演自己的角色，他們是全方位的選手，

也是帶頭的隊長；而INTJ類型則顯得更為個人主義，他們反而會因為他人而感到不自在，或是覺得互動很麻煩。舉例來說，如果要當一個聰明絕頂的私家偵探，那麼比起ENTJ，INTJ類型會是更適合的選擇。在「很固執」這一點上，這兩個類型是差不多的，而這裡所謂的固執是指堅持「自己的路線」和「自我信念」。

ENTP類型與前面提到的兩種類型一樣具有獨立性和堅定的自我信念，但他們顯露出來的外在特質顯得更加愉快且靈活有彈性，所以常會聽到人家說INTJ或ENTJ有時候看起來很死腦筋，但ENTP比較常收到的評價卻是「做自己」。他們自由奔放、有趣、充滿幽默感，還具備不知道從哪裡冒出來的神奇語感。要形容的話，他們大概就像是「明明是個中國武術高手，卻穿著

有計畫的生活ENTJ

一身運動服，臉上還掛著若無其事的微笑」的人？

不能只看外表就把ENTP當作歡快灑脫的人，因為ENTP也和ENTJ、INTJ類型一樣，屬於具備聰明才智的NT氣質一員。

由此可知，ENTP、ENTJ、INTJ三個類型的共同點是「不遵循世間的規則、擁有自我信念的人」及「反權威主義者」。相較於其他類型，這三種類型對於想像力和創意點子的可能性抱持著更友善開放的態度，因此他們不會遵循既有的方式，也絕對不會輕易滿足於其他人都在做的普通方法，他們想用自己的點子建立一個壯麗的王國並且以此為榮。總的來說，這三種類型都會像老虎一樣留下珍貴且美麗的外皮，也會自豪地炫耀屬於自己獨有的花紋。

展現此MBTI特質的書名 ─────────────

- 亞當‧格蘭特《Think Again：知道你不知道的事情的力量》[27]
- 朴景秀《企劃高手的觀點不一樣》
- 柳花雨《專業的工作達人：不要當做事的人，當個把事情「做好」的人》

27. 此處以韓文書名翻譯，此書在臺灣出版書名為《逆思維：華頓商學院最具影響力的教授，突破人生盲點的全局思考》，原文書名為《Think Again: The Power of Knowing What You Don't Know》。

再多了解 ENTJ 一點吧！

ENTJ 的人際關係

- 說話算話。
- 去參加私人的聊天聚會時，剛開始會積極參與，但後面經常會分神陷入其他的想法。
- 吵架的時候會以邏輯進行反駁，會為了求勝而爭吵。
- 雖然是會明確劃出界線的人，但一旦對方走進他們心裡（喜歡的人），就會不知不覺地用心關照對方。ENTJ 雖然不是溫柔多情的類型，但也不是不會關心他人的人。
- 經常指出他人的矛盾之處和缺點，一旦看到不合理或沒效率的事情，就會覺得應該要告訴對方。又或者，這麼做也可能是因為他們認為自己的標準才是對的，就某種意義來說，ENTJ類型具有（過於）自信的一面
- 在社交場合中，如果覺得有必要，就算是出於無可奈何，也會展現出溫暖柔情的一面。

ENTJ 的生活方式

- 設定目標並逐一實踐，是個按照計畫生活的人。早上起床後，

會先把一天的行程預想過一遍，安排好要做的事情。

- 文件或桌面必須整理得井然有序才能把工作做得更好。

- 看到喜歡的作品或風格時，不會僅僅止於感嘆，還會接著進行分析。比如，進到一間生意很好的餐廳時，他們不會只是邊讚嘆邊品嚐，還會從各個角度分析「為什麼這家餐廳的生意會這麼好？」並試圖從中尋找答案。

- 看到感人的作品後，會四處搜尋其他人對於那個作品的評價和解讀，並從中找到屬於自己的答案。

- 若是低於自己設定的標準，就無法感到滿足。

- 為了達成目標的執行力很強，有時候辦事效率甚至比ESTJ類型更快。

ENTJ 的戀愛觀

- 戀愛對象也偏好具有挑戰精神、有才華、能溝通且有智慧的人。

- 一旦墜入愛河就會發揮直覺能力，盡可能成為最溫柔體貼的戀人。

- 對自己的戀人忠貞不二，不會只是敷衍了事地草草交往，一旦交往了就會在一起很久。

- 如果選擇了女性ENTJ當妻子，應該要把她當作有智慧的另一半來對待。

- 不太適合浪漫的夢想或是一般人想像中的夫妻感情（甜蜜蜜的）。

- 即使結婚了，也可能會因為埋首於工作而沒有時間過家庭生活與個人生活。此外，他們雖然對家庭抱有強烈的責任感，但還

是會和家人之間維持心理上的距離，因為他們需要時間專注在自己的直覺上。

ENTJ 的交友關係

- 能夠與人變親近、相處融洽，但不容易結交「摯友」。
- 與朋友之間不太會看眼色，會直接說出需要說出口的話。年紀越小，直言不諱的傾向就更強烈，但隨著社交經驗的增長，逐漸培養了情感領域之後，說話就會變得小心謹慎一些，也會更加熟悉溫柔委婉的說話方式。
- 雖然自尊心很強，但如果是基於邏輯上的批判，就會好好地接受。
- 一旦建立了深厚的信任關係，就會完全相信那個朋友。ENTJ類型的信賴雖然很難獲得，但只要得到了，通常就不會輕易失去。

ENTJ 的好惡

- 討厭明知道計畫內容卻怠惰於扮演好自己角色的人。
- 無法理解犯錯時只是盲目地道歉卻不努力提出解決方法的人。
- 他們覺得「什麼都不懂，甚至也沒有想要努力的意圖，但卻又隱隱希望獲得好評價的人」是很不像樣的。比如那些沒有任何自己的想法，只會複製貼上的人的簡報；明明沒有執行手術的技術，卻靠著人際關係維持一定程度名聲的外科醫生；只是沿

襲既有的著述，不學習新知卻又站在講堂上的教授等。像這樣既沒有實力又怠惰的類型，都會令他們感到憤怒。

- 若被稱讚工作表現出色或是因此受到尊敬會覺得很開心。

- 可以讓ENTJ生氣的魔性咒語是「你真的好笨啊」。ENTJ對自己的智力是很自豪的。

- 討厭依賴別人或造成別人的困擾。

ENTJ 的工作方式

- 討厭一成不變的工作，相較於已經有固定答案的事情，更喜歡可以發揮幻想或想像力的工作。

- 不會屈服於權威之下。即使是上司交辦的事情，只要不是適合處理事情的方式，就不會低頭。

- 若某人因為太過不熟悉業務而對團隊造成損害，或是長遠來看並沒有改善的空間，他們並不會受情感所牽制，會直接將對方開除。

- 如果對自己想做的事情有幫助，那麼就算是討厭的事情也會忍著去做。舉ENTJ類型的在職媽媽為例，就算她討厭交際性質的閒聊聚會，但如果只要忍過去就能獲得自己想要的東西，無論如何她都會忍著熬過那兩小時的情感交流。

- 是能夠在複雜且困難的問題中找到解決方案的一等功臣。對他們來說單純的工作才是最累人的。

- 能夠從整體的角度清楚掌握工作的流程。

ENTJ 類型的煩惱是？

我不喜歡別人工作的方式，但我也沒辦法因為這樣就代替別人把他們負責的工作都做好啊，有什麼方法可以有效率地和別人合作嗎？

 小精靈瑪莉夢的建議是？

在工作的過程中，會發現並不是所有事情都會按照你的計畫進行下去，畢竟當你越優秀，能夠跟上你的想法和直覺的人就會越少。你擁有非常豐富的知識，廣闊的眼界自然不用多說，甚至還有預測未來的能力，確實是一名傑出的策略家。然而，並不是世界上所有人都像你一樣，也不是每個人都具備像你一樣寬廣的視野，再加上，這個世界還存在著一群悠哉的人，他們是無法從那些經過精心策劃的計畫裡找到重大意義的。

有些類型的人只是單純地享受每一個瞬間並從中獲得快樂，而且光是這種程度，對他們的人生來說就已經夠滿足了；還有一些類型的人會對進步或創新感到不

適，但他們即使在創造力方面有所不足，仍然可以照著既有的方式過生活，並在多出來的時間裡從家人或朋友等其他方面獲得滿足；還有些類型的人重視奇特性與個性更勝於工作成果。所以說，世界上存在著各式各樣的人，而不同的人彼此之間勢必會產生摩擦。

如果你真的希望所有事情都按照你的計畫順利進行，那就不能假設別人都會跟你有一樣的心情，反而應該要懂得反映對方的需求並活用這些需求才行。有時候光靠一個感性的人說出的溫柔話語，所有衝突就會神奇地被化解。每個人對於「正確且有價值的道路」的想法不同，我希望你能比現在更加仔細地去觀察其他人，在滿足各自需求的同時，以更明智的方式推動事情進行。

你的工作能力確實比別人強，如果你能夠不包辦所有事情，也給其他人一點機會就更好了。但該怎麼做才好呢？該怎麼做才能既確保工作成果令人滿意、一起工作的人不會有不滿情緒、又讓你擁有空閒的時間呢？

你可能會認為不可能有這種事情，但其實有一個非常簡單的解決方案。

就是要抱持著「其他人也很有實力，能把事情做

得很好」的信念並真心相信他們，這種心態會帶來許多正面積極的效果。

首先，氣氛會變得融洽，不管是誰都可以自由且舒適地表達自己的意見。不能再採取由你進行指派和調整的方式，而是你要先向其他人拋出問題，然後再就問題本身進行溝通。指出錯誤時也是，因為你一開始已經將對方設定在比較高的位置了，所以不應該用指責的方式，而是只傳達必要的建議就好了。

就結果來說，你不需要硬著頭皮按照你的計畫拉著整個團隊前進，而是要讓團隊成員靠自己的雙腳行走，一起手牽著手往前邁進，如此一來就能輕鬆地抵達目的地。

我想推薦一本書給你，是由可以如魔法般調節人心的人際關係大師戴爾·卡內基所寫的《卡內基溝通與人際關係》。「如果我在釣魚時掛上我喜歡的冰淇淋當作魚餌，將不會有任何一尾魚上鉤。」這本書以這個基本前提作為開頭，希望你也能夠讀一讀這本人際關係大師的作品。

和 ENTJ 類型變親近的方法

- 答應ENTJ類型要做的事情，就一定要信守承諾。
- 如果原本就是沒有能力或沒有主見的人，就比較難和ENTJ類型變親近，因為他們喜歡能夠令他們感到尊敬的人。如果你的能力不足，就表現出努力的樣子，如果即使努力了也無法提升能力，那麼至少展示出具有獨創性的創意點子。他們喜歡能夠進行順暢對話的人。
- 如果能夠完美理解ENTJ制定的驚人計畫並指出問題或弱點，他們會覺得很感動。如果你無法找到任何破綻，那就由衷地稱讚對方「你果然很厲害」。
- 如果你有話對ENTJ類型說，不要從情感的角度切入，最好是合理地闡明前因後果，甚至是說明那件事的效益，以邏輯說服對方。

把身邊人們的類型記錄下來吧！

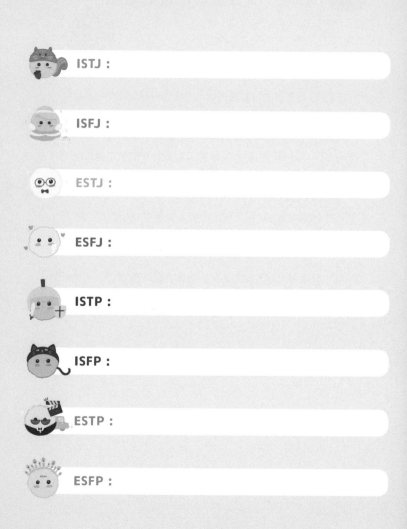

ISTJ :

ISFJ :

ESTJ :

ESFJ :

ISTP :

ISFP :

ESTP :

ESFP :

 INFJ :

INFP :

ENFJ :

ENFP :

INTJ :

INTP :

ENTP :

ENTJ :

國家圖書館出版品預行編目資料

MBTI比你更懂你自己 / 金素那 著；楊琬茹 譯.
-- 初版. -- 臺北市：平裝本, 2023. 12
272 面；18.8×12.2公分. --（平裝本叢書；第
555種)(iDO；105)
譯自：나의 MBTI 가 궁금하단 마리몽
ISBN 978-626-97657-3-7(平裝)

173.75   112018355

平裝本叢書第555種
iDO 105
MBTI
比你更懂你自己
나의 MBTI 가 궁금하단 마리몽

나의 MBTI 가 궁금하단 마리몽 영문도서명
(So Curious on My MBTI Characters)
Copyright © 2021 by 김소나 金素那 (Kim So-na),
한세진 韓洗賑 Han Se-jin (이세진 李洗賑 Lee Se-jin)
All rights reserved.
Complex Chinese Copyright © 2023 by Paperback
Publishing Company, Ltd.
Complex Chinese translation Copyright is arranged
with MIRBOOKCOMPANY through Eric Yang Agency

作　　者—金素那 김소나
繪　　者—韓洗賑 한세진（李洗賑 이세진）
譯　　者—楊琬茹
發 行 人—平　雲
出版發行—平裝本出版有限公司
　　　　　台北市敦化北路120巷50號
　　　　　電話◎02-27168888
　　　　　郵撥帳號◎18999606號
　　　　　皇冠出版社（香港）有限公司
　　　　　香港銅鑼灣道180號百樂商業中心
　　　　　19字樓1903室
　　　　　電話◎2529-1778　傳真◎2527-0904
總 編 輯—許婷婷
美術設計—嚴昱琳
行銷企劃—薛晴方
著作完成日期—2021年
初版一刷日期—2023年12月
初版七刷日期—2024年9月
法律顧問—王惠光律師
有著作權‧翻印必究
如有破損或裝訂錯誤，請寄回本社更換
讀者服務傳真專線◎02-27150507
電腦編號◎415105
ISBN◎978-626-97657-3-7
Printed in Taiwan
本書定價◎新臺幣430元/港幣143元

● 皇冠讀樂網：www.crown.com.tw
● 皇冠Facebook：www.facebook.com/crownbook
● 皇冠Instagram：www.instagram.com/crownbook1954
● 皇冠蝦皮商城：shopee.tw/crown_tw